Speaking Chinese: 200 Situational Dialogues

实用汉语会话二百幕

刘彤 杨茵 著

New World Press
新世界出版社

First Edition 1999
Second Printing 1999
Edited by Cao Shan
Book design by Ni Zhenru

ISBN 7-80005-421-7

Published by
NEW WORLD PRESS
24 Baiwanzhuang Road, Beijing, China

Distributed by
CHINA INTERNATIONAL BOOK TRADING CORPORATION
35 Chegongzhuang Xilu, Beijing 100044, China
P. O. Box 399, Beijing, China

Printed in the People's Republic of China

前言

在教学实践中,我们发现很多外国人学了多年的汉语,考试成绩也不错,可是一旦在中国办事,就觉得学过的汉语说不出口。一个学了两年汉语的学生,对服务质量不满意也不知道如何提意见。造成这种状况的原因就是我们的汉语教科书大多从教学出发,注重汉语语法、阅读和写作的训练,缺少实用场景的介绍和训练,缺少同一语义不同表达法的训练,所以实用性较差。为了满足这种需要,我们从人们的日常生活中收集了200个较常用的生活场景组成对话,编写了这本《实用汉语会话200幕》。这200个对话涵盖了外国人在中国可能遇到的各种情形,如遇险呼救、看病住院、旅游购物等等,并且都配有汉语拼音和英文解释。另外我们还为你介绍了许多关于中国文化的背景小常识。我们相信这本书不仅能做你学习汉语的课本,还能成为你在华的生活指南。

编写这样一本书,在我们还是一个尝试,虽然我们有多年的教学经验做基础,仍难免个别地方欠妥,恳请同行及读者批评指正。

作者

1998年9月于北京

Foreword

From our teaching experience, we found many foreigners who had learned Chinese for quite a long time and had a rather good test record of the Chinese language cannot really express themselves and make themselves understood when communicating with the Chinese. We have such a student who had studied the Chinese language for more than two years in school does not know how to complain about the poor service quality. The reason for this kind of situation is that most of our Chinese course books consider schooling the most important element in learning a language, they put most stress on the grammar, reading and writing skill of Chinese language while neglecting the situational practice and training of the different expressions for the same meaning. Therefore those text books are not very practical to use in daily life. To meet such requirements we collect 200 frequently happened situations from daily life of the Chinese and compiled this book. All the 200 dialogues in the book have pinyin and English equivalents, which covering almost all the situations that a foreigner might come across in China, such as calling for the police, seeing the doctor and hospitalization, touring and shopping, and so on. Besides, we introduce to you some useful background information of Chinese culture. We believe that this book will not only be your Chinese text book but also a pragmatic guide book for your stay in China.

Compilers

Beijing, September 1998

目　录
CONTENTS

A Few Notes About the Language

1. The characters.

China developed advanced pictorial techniques several thousand years ago in the Stone Age. The designs used in this era in a certain way constituted the dawn of writing. The designs were limited to representation of objects; whereas feelings and other abstract ideas could not as yet be expressed. In 1890, in Henan Province bones and tortoise shells bearing engraved characters dating back to the Shang Dynasty (around the 17th century B. C. – the 11th century B. C.) were unearthed. Altogether, around 3,500 ideograms from this period have been identified, though only 1,500 of them are in a sufficient state of preservation to be accurately interpreted.

Since their primitive beginnings, Chinese characters have greatly changed. Though their strictly representational nature has largely disappeared, the original underlying structure remains. Today, about 50,000 ideograms exist, of which 5,000 or so are in common use.

All the dialects of Chinese, spoken by 94% of the population, are known as hàn yǔ. Because a number of these dialects are mutually unintelligible, the Chinese government appointed a set of standard Mandarin Chinese, known as pǔ tōng huà, so that Chinese from all parts of the country can communicate verbally. The written language is the same, and is understood by all.

After 1949, the Chinese government set up a committee for the reform of Chinese writing. This committee has succeeded in simplifying the form of a large number of characters in everyday use by reducing the number of strokes. In 1958, the National People's

Congress also approved a system for the transcription of Chinese characters into the Latin alphabet, called pinyin (the transcription you will find in this book). Traditionally, Chinese was written in columns and read vertically, and right to left. Nowadays, however, the standard is to write horizontally from left to right.

2. Guide to pronunciation.

There are four basic tones in Mandarin Chinese:

ˉ 1st tone (high level): is high pitched and the voice neither rises nor falls;

ˊ 2nd tone (rising): starts with the pitch of the voice lower but ends up as high as in the first tone;

ˇ 3rd tone (falling-rising): starts with the voice lower than the second tone, dips and then rises in a rather drawn-out way;

ˋ 4th tone (falling): the voice falls from high to low.

Every syllable in Chinese has a definite tone, and every syllable is pronounced according to one of the four tones, except when it is unstressed. In this case the tone distinctions disappear, and the pronunciation of the unstressed syllable is light and short. The difference in tone indicates the meaning of words. For example, mā with high level tone means "mother," má with rising tone means "linen," mǎ with falling-rising tone means "horse," and mà with falling tone means "curse."

The following is a comparison which illustrates the pronunciation of Chinese vowels and consonants using English.

Vowels

Letter	Approximate pronunciation
a	like **a** in car (but with no **r**-sound)
e	like **e** in her (but with no **r**-sound)
i	1) like **ee** in bee
	2) like **c, s, z, ch, sh, zh, r,** like **e** in her (with no **r**-sound)
o	like **aw** in saw
u	like **oo** in spoon
ü	similar to German **ü** or **u** in French "lune"; round your lips and try to say **ee**
ou	as in **soul**
ian	like **yen**
ui	like **way**

In compound vowels the pronunciation starts from one vowel and "glides" to or towards another vowel e.g. **i, ia, iao.**

Consonants

The consonants are pronounced approximately as in English, with the following exceptions:

c	like **ts** in **its**, followed by a strong puff of breath
ch	like **ch** in **ch**urch, but with the tip of the tongue turned up and back to touch the roof of the mouth
g	like **g** in give
h	like **ch** in Scottish lo**ch**
j	like **j** in **j**eer (strongly fronted: pronounced as near to the front of the mouth as possible)
q	similar to **ch** in **ch**eap

r	like English **r**, but with the tip of the tongue turned up and back to touch the roof of the mouth, so that it sounds something like the s in pleasure
s	like s in sit
sh	like **sh** in **sh**oe, but with the tip of the tongue turned up and back to touch the roof of the mouth
x	like **sh** in **sh**eep (strongly fronted), but with lips widely spread
y	like **y** in **y**ard
z	like **ds** in li**ds**
zh	like **j** in **j**ug, but with the tip of the tongue turned up and back to touch the roof of the mouth

The three consonants **p**, **t** and **k** should be pronounced with a strong puff of breath.

How to Use This Book

* We suggest that you start with the "Guide to pronunciation", because this helps you become familiar with pronunciation.

* Consult the Contents pages for the section you need. In each chapter you'll find situational conversation, travel facts, and useful information, which is marked with the symbol ☞, for your stay in China.

* In the black brackets 【 】 you'll find the situation to each conversation. Attached to each conversation there are one or two sentence patterns and two examples, we suggest that you learn them by heart. With these most frequently-used sentence structures in mind you can draw inferences and produce various sentences yourself.

* After some situational conversations there are the "Useful Phrases and Expressions" that do not appear in the conversation but may help you talk with the Chinese.

* Most sentences in this book appear in three forms: English, Chinese and pinyin. This will help you pronounce the word and, in case you cannot make yourself understood, you can find the sentence you need and show the characters to the Chinese recipient.

* The "Quick Reference Page" at the end of this book provides you with a list of basic vocabulary which enables you to go around with no difficulty.

第一章　日常用语

Chapter One　Daily Expressions

场景 1　问候　Greetings

(1)【遇到一个人:】

【When meeting one person:】

A:你*好!

Nǐ hǎo!

Hello!

B: 你好!

Nǐ hǎo!

Hello!

(2)【遇到两个人:】

【When meeting two people:】

A: 你们好!

Nǐmen hǎo!

Hello!

B、C: 你好!

Nǐ hǎo!

Hello!

(3)【遇到认识的人,中国人常说:】

【When Chinese meet an acquaintance, the greeting goes like:】

A: 吃饭了吗? /去哪儿?

---

* The nǐ form is the general word for "you." The special polite form nín should be used when talking to an older person, a business partner, or anyone else to whom special respect should be duly given.

Chī fàn le ma? /Qù nǎr?

Have you eaten yet? /Where are you going?

B: 吃了。* /还没呢。

Chī le. /Hái méi ne.

Yes, I have. /Not yet.

【如果你不想告诉他你去哪儿,那么你可以这样说:】

【If you'd rather not tell him where you are going, you can say:】

B: 我出去一下儿。

Wǒ chūqu yíxiàr.

I'll just go out for a while.

常用短语及表达法　Useful Phrases and Expressions

你好吗?	Nǐ hǎo ma?	How are you?
很好,谢谢。	Hěn hǎo, xièxie.	Fine, thank you.
你呢?	Nǐ ne?	And you?
很高兴认识你。	Hěn gāoxìng rènshi nǐ.	Nice to meet you.
怎么样,忙吗?	Zěnmeyàng, máng ma?	How is life? /How is it going?
还可以。	Hái kěyǐ.	Not bad. /So so.

场景 2　表示感谢　Expressing Thanks

A: 谢谢你!

Xièxie nǐ!

Thank you!

B: 不客气。/没事儿。

Bú kèqi. /Méi shìr.

You are welcome.

---

* The Chinese do not say "yes" and "no", instead they repeat the verb. e.g. Have you eaten yet? I have eaten. *or* I haven't eaten yet.

句型　Sentence Pattern

　　谢谢+(谁)。

例句1：谢谢　　你。
例句2：谢谢　　他。

场景3　道歉　Making an Apology

A：对不起，我踩了你的脚。
　Duìbuqǐ, wǒ cǎile nǐ de jiǎo.
　I'm sorry that I stepped on your foot.
　　　　我弄坏了你的自行车。
　　　　wǒ nònghuàile nǐ de zìxíngchē.
　　　　I broke your bicycle.
　　　　我迟到了。
　　　　wǒ chídào le.
　　　　I was late.

B：没关系。/不要紧。
　Méi guānxi. /Bú yàojǐn.
　It's Okay. /It doesn't matter.

句型　Sentence Pattern

　　对不起,(谁)+(做了什么)。

例句1：对不起,我　　踩了你的脚。
例句2：对不起,我　　迟到了。

场景4　请求帮助　Asking for Help

(1)【你掉在水里,可是你不会游泳:】
　【You fall into the water, but you cannot swim:】
　——救命！救命！

Jiùmìng! Jiùmìng!

Help! Help!

(2)【你病了,要马上去医院,可是你不能走。你向一位出租司机求助:】

【You are terribly sick and must go to see the doctor, but you are too weak to go to the hospital yourself. You are asking for a cab driver's help:】

A: 我病了,你能送我去医院吗?

Wǒ bìng le, nǐ néng sòng wǒ qù yīyuàn ma?

I'm sick. Could you take me to the hospital?

B: 好吧! 我送你去医院。

Hǎo ba! Wǒ sòng nǐ qù yīyuàn.

OK! I'll take you to the hospital.

(3)【你的包被一个人抢了:】

【You are robbed of your bag:】

——抓坏人呀！抓住他！

Zhuā huàirén ya! Zhuāzhù tā!

Stop that (bad) guy! Stop him!

——警察！抓小偷！

Jǐngchá! Zhuā xiǎotōu!

Police! Stop that thief!

【一个警察走了过来，你对他说：】

【A policeman comes, you say to him:】

A：警察，他偷了我的包！

Jǐngchá, tā tōule wǒ de bāo!

Sir, he stole my bag!

B：我知道了，请你跟我去一下警察局，说明一下情况。

Wǒ zhīdao le, qǐng nǐ gēn wǒ qù yíxià jǐngchájú, shuōmíng yíxià qíngkuàng.

I see. Please come with me to the police station and explain the situation.

A：好的。

Hǎo de.

All right.

常用短语及表达法　Useful Phrases and Expressions

有人受伤了，请快叫一位大夫来。	Yǒu rén shòushāng le, qǐng kuài jiào yí wèi dàifu lái.	Somebody is hurt, please call a doctor quickly.
出事了。	Chū shì le.	There is an accident.
请快叫警察来。	Qǐng kuài jiào jǐngchá lái.	Please call the police.
这是我的姓名和地址。	Zhè shì wǒ de xìngmíng hé dìzhǐ.	This is my name and address.

句型 Sentence Patterns

(1)(谁)+能送+(谁)+去+(哪儿)+吗?

例句1:你 能送 我 去 医院 吗?
例句2:他 能送 你 去 学校 吗?

(2)抓住+(谁)!

例句1:抓住 他!
例句2:抓住 那个人!

(3)(谁)+跟+(谁)+去一下+(哪儿)。

例句1:你 跟 我 去一下 警察局。
例句2:你 跟 他 去一下 办公室。

中国重要的电话号码 The Important Telephone Numbers in China

火警电话号码:	119	When there is a fire, dial 119 for a fire alarm.
匪警电话号码:	110	When you come across a robbery, dial 110 for the police.
交通事故电话号码:	122	When you have or see a traffic accident, dial 122 for traffic police.

场景5 问姓名 Asking for Names

A: 你/他/她/那个人叫什么名字?
Nǐ/Tā/Tā/Nàge rén jiào shénme míngzi?
What is your/his/her/that person's name?

B: 我/他/她/那个人叫________。
Wǒ/Tā/Tā/Nàge rén jiào ________.
My/His/Her/That person's name is ________.

句型　Sentence Pattern

(谁)＋叫什么名字?

例句 1：你　　叫什么名字?

例句 2：他　　叫什么名字?

场景 6　交朋友　Making Friends

(1)【你的两个朋友第一次见面，你给他们做介绍：】

【Two of your friends meet for the first time and you are introducing them to each other：】

A：你好，约翰。

Nǐ hǎo，John.

Hello，John.

B：你好，麦克。让我来介绍一下。这是苏珊。苏珊，这是麦克。

Nǐ hǎo，Mike. Ràng wǒ lái jièshào yíxià. Zhè shì Susan.

Susan, zhè shì Mike.

Hello, Mike. Let me introduce you to each other. This is Susan. Susan, this is Mike.

C: 你好,麦克。很高兴能认识你。

Nǐ hǎo, Mike. Hěn gāoxìng néng rènshi nǐ.

How do you do, Mike. Nice to meet you.

B: 你好,苏珊。我也很高兴能认识你。

Nǐ hǎo, Susan. Wǒ yě hěn gāoxìng néng rènshi nǐ.

How do you do, Susan. Nicé to meet you, too.

(2)【你和一个朋友认识之后,如果想进一步交谈,你可以问他:】

【After the preliminary introduction, if you want to continue the conversation with your new friend you can ask him:】

A: 你是从哪儿来的?

Nǐ shì cóng nǎr lái de?

Where are you from?

B: 我是美国人 /法国人 /澳大利亚人。你呢?

Wǒ shì Měiguórén /Fǎguórén /Àodàlìyàrén. Nǐ ne?

I come from America /France /Australia. And you?

A: 我是加拿大人。你是一个人来的吗?

Wǒ shì Jiānádàrén. Nǐ shì yí ge rén lái de ma?

I come from Canada. Are you on your own?

B: 不,我和妹妹一同来的。你经常旅行吗?

Bù, wǒ hé mèimei yìtóng lái de. Nǐ jīngcháng lǚxíng ma?

No, I came with my sister. Do you travel a lot?

A: 是的,我去过中国的很多地方。

Shìde, wǒ qùguo Zhōngguó de hěn duō dìfang.

Yes, I have been to many places in China.

常用短语及表达法 Useful Phrases and Expressions

你好吗?	Nǐ hǎo ma?	How are you?
我很好,谢谢。你呢?	Wǒ hěn hǎo, xièxie. Nǐ ne?	I am fine, thank you. And you?

你来这儿有多长时间了？	Nǐ lái zhèr yǒu duō cháng shíjiān le?	How long have you been here?
我来了一个月了。	Wǒ láile yí gè yuè le.	I have been here a month.
你在这儿过得愉快吗？	Nǐ zài zhèr guò de yúkuài ma?	Are you enjoying your stay here?
过得非常愉快。	Guò de fēicháng yúkuài.	Yes, I like it very much.

句型 Sentence Pattern

（谁）+在（哪儿）+过得+（怎么样）。/？

例句1：我 在这儿 过得 很愉快。
例句2：你们 在北京 过得 舒服吗？

场景7 问时间 Asking the Time

【早上醒来，你问同屋：】
【Waking up in the morning, you ask your roommate:】

A：现在几点了？
Xiànzài jǐ diǎn le?
What time is it now?

B：差一刻九点。
Chà yí kè jiǔ diǎn.
A quarter to nine.

A：哎呀，不好了！我要迟到了。
Āi ya, bù hǎo le! Wǒ yào chídào le.
Oh, my God! I'm late.

B：哈哈，我逗你呢。现在是六点五十五分。
Hāhā, wǒ dòu nǐ ne. Xiànzài shì liù diǎn wǔshíwǔ fēn.
Ha! I'm teasing you. It is six fifty-five now.

A：你真坏！
Nǐ zhēn huài!

You are really bad!

常用短语及表达法　Useful Phrases and Expressions

请问，现在是什么时间？	Qǐng wèn, xiànzài shì shénme shíjiān?	Excuse me, what time is it now?
对不起，现在几点了？	Duìbuqǐ, xiànzài jǐ diǎn le?	Excuse me, what time is it?
麻烦您，几点了？	Máfan nín, jǐ diǎn le?	Sorry to trouble you, but what time is it?
您的表几点了？	Nín de biǎo jǐ diǎn le?	What's the time by your watch?
6:01 六点零一分（六点过一分）	liù diǎn líng yī fēn (liù diǎn guò yī fēn)	one past six
6:10 六点十分	liù diǎn shí fēn	ten past six
6:15 六点一刻（六点十五分）	liù diǎn yí kè (liù diǎn shíwǔ fēn)	a quarter past six
6:30 六点半（六点三十分）	liù diǎn bàn (liù diǎn sānshí fēn)	half past six
6:45 六点四十五分（差一刻七点）	liù diǎn sìshíwǔ fēn (chà yí kè qī diǎn)	a quarter to seven
7:00 七点整	qī diǎn zhěng	seven o'clock

句型　Sentence Patterns

(1)：（ ）点（ ）分

例句 1：六 点 十 分

例句 2：十一点 零一分

(2)：（ ）点过（ ）分

例句 1：六 点过 一分

例句 2：七 点过 五分

(3)：差（ ）分（ ）点

例句 1：差 五 分 七 点

例句 2：差 十 分 十 点

场景 8　让别人明白你的意思
Making Yourself Understood

(1)【你不知道怎么用汉语表达你想说的话：】

【You do not know how to express what you want to say in Chinese:】

A：我……

Wǒ……

I. . .

B：你怎么了？

Nǐ zěnme le?

What's wrong with you?

A：我不知道用汉语怎么说，我说英语可以吗？

Wǒ bù zhīdao yòng Hànyǔ zěnme shuō, wǒ shuō Yīngyǔ kěyǐ ma?

I can't say it in Chinese. Can I use English?

B：你说吧。

Nǐ shuō ba.

Go ahead.

(2)【你的朋友汉语说得很快，你听不懂。这时他问你：】

【Your friend speaks Chinese very fast and you cannot understand it. And he asks you:】

A：你能听懂我说的汉语吗？

Nǐ néng tīngdǒng wǒ shuō de Hànyǔ ma?

Do you know what I am saying in Chinese?

B：我懂一点儿汉语，如果你说慢一点儿，我应该能听懂。

Wǒ dǒng yìdiǎnr Hànyǔ, rúguǒ nǐ shuō màn yìdiǎnr, wǒ yīnggāi néng tīngdǒng.

I know a little Chinese. If you speak a little bit slowly I should not have any problem to understand it.

A：你能把你的电话号码告诉我吗？

Nǐ néng bǎ nǐ de diànhuà hàomǎ gàosu wǒ ma?

Can you give me your telephone number?

B：对不起，请你再说慢一点儿，行吗？

Duìbuqǐ, qǐng nǐ zài shuō màn yìdiǎnr, xíng ma?

I'm sorry, but could you speak more slowly?

A：好。

Hǎo.

OK.

常用短语及表达法　Useful Phrases and Expressions

你会说英语吗？	Nǐ huì shuō Yīngyǔ ma?	Do you speak English?
我不会说汉语。	Wǒ bú huì shuō Hànyǔ.	I don't speak Chinese.
你能说慢一点儿吗？	Nǐ néng shuō màn yìdiǎnr ma?	Could you speak more slowly?

句型　Sentence Patterns

（1）（谁）+不知道用+（什么语）+说+（什么）。

例句1：我　不知道用　汉语　说　这些话。

例句2：他　不知道用　英语　说　这个句子。

（2）你能把 +（什么）+ 告诉我吗？

例句1：你能把　你的电话号码　告诉我吗？

例句2：你能把　他说的话　告诉我吗？

场景 9　天气预报　The Weather Report

☞ The climate in China is very different from north to south. In winter the temperature difference between north and south can reach about 30 degrees. People in the south can wear just a sweater while those in the north have to bundle themselves up very tight. In summer the temperature difference between north and south is not as much as in winter, but it is rather dry in the north and pretty humid in the south. Therefore weather has become a topic that everybody is concerned with.

【你在和一个朋友聊天气：】

【You are chatting with a friend about the weather:】

A：你刚才看天气预报了吗？

Nǐ gāngcái kàn tiānqì yùbào le ma?

Did you watch the weather report on TV just now?

B：看了。

Kàn le.

Yes, I did.

A：天气预报说什么？

Tiānqì yùbào shuō shénme ?

What did it say?

B：今天白天晴，夜间阴有小雨 /有大雪 /有雾 /中雨转晴，风向偏南，风力二三级转五六级。最高气温 21 摄氏度，最低气温 14 摄氏度。

Jīntiān báitiān qíng，yèjiān yīn yǒu xiǎoyǔ /yǒu dàxuě /yǒu wù / zhōngyǔ zhuǎn qíng，fēngxiàng piān nán，fēnglì èr-sān jí zhuǎn wǔ-liù jí. Zuì gāo qìwēn èrshíyī shèshìdù，zuì dī qìwēn shísì shèshìdù.

Today it is clear，tonight it will be overcast and rainy /have a drizzle /have a heavy snow /have a fog /turn clear after moderate rain. The wind direction is southerly and the wind-force rises from gentle breeze to strong breeze. The highest temperature is 21 degrees centigrade; and the lowest is 14 degrees centigrade.

常用短语及表达法 Useful Phrases and Expressions

天气真好！/天气真坏！	Tiānqì zhēn hǎo! / Tiānqì zhēn huài!	What a nice day! /What awful weather!
你觉得明天会是晴天 /下雨吗？	Nǐ juéde míngtiān huì shì qíngtiān /xià yǔ ma?	Do you think it will be sunny /rainny tomorrow?
云/雾/霜 /冰 /雨 /雷 /风	yún /wù /shuāng /bīng /yǔ /léi /fēng	cloud /fog /frost /ice /rain /thunder /wind
闪电	shǎndiàn	lightning
星星 /太阳 / 月亮	xīngxing /tàiyáng /yuèliang	star /sun /moon
暴风雨 /台风 /龙卷风 /飓风	bàofēngyǔ /táifēng /lóngjuǎnfēng /jùfēng	thunderstorm /typhoon /tornado /hurricane

第二章　入境与离境

Chapter Two　Arrival and Departure

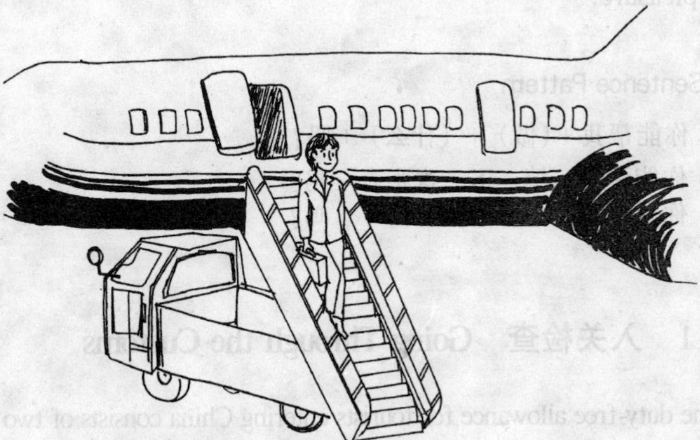

场景 10　入境前在飞机上填表

Filling Out a Form on the Plane Before Arriving

☞ Before arriving you will have to fill out a baggage-declaration form listing any valuable possessions you have. When you leave China at the end of your stay, you may be asked to prove that you are taking with you all the items on the list.

【你在下飞机以前,乘务员会给你一张表,如果你不知道怎么填,你可以对她说:】

【On the plane, the air hostess will give you a form to fill out. If you do not know how to fill it out, you can ask her:】

A: 小姐,你能帮我填一下这张表吗?

Xiǎojie, nǐ néng bāng wǒ tián yíxià zhè zhāng biǎo ma?

Excuse me, miss. Could you help me filling out this form?

B: 好的。

Hǎo de.

My pleasure.

句型 Sentence Pattern

你能帮我+(做)+(什么)+吗?

例句 1: 你能帮我 填一下 这张表 吗?

例句 2: 你能帮我 打开 门 吗?

场景 11 入关检查 Going Through the Customs

☞ The duty-free allowance for tourists entering China consists of two bottles of alcoholic beverages (neither exceeding 3/4 litre), 400 cigaretts, food, clothing and medicine for personal use, and any quantity of foreign currency.

【你出海关时,工作人员问你:】

【When you go through the customs, the customs officer will ask you to:】

A: 请出示你的护照/签证/免疫证明。

Qǐng chūshì nǐ de hùzhào/qiānzhèng/miǎnyì zhèngmíng.

Your passport/visa/bill of health, please.

B: 好的。给您。

Hǎo de. Gěi nín.

OK. Here you are.

【工作人员看了看你的证件,会在你的护照上盖一个章,并对你说:】

【The officer will check your files, stamp your passport and say to you:】
A: 谢谢，你可以入境了。欢迎来中国！
Xièxie, nǐ kěyǐ rù jìng le. Huānyíng lái Zhōngguó!
Thank you. Now you can enter the country. Welcome to China!

句型 Sentence Pattern

请出示+(什么)。
例句1: 请出示 你的护照。
例句2: 请出示 你的免疫证明。

场景12 取行李 Claiming the Baggage

【在机场,你不知道在什么地方取行李。你询问机场工作人员:】
【In the airport, you do not know where to claim your baggage, you ask the airport staff:】
A: 请问,在哪儿取行李?
Qǐng wèn, zài nǎr qǔ xíngli?
Excuse me, where can I get my baggage?
B: 在那儿。
Zài nàr.
Over there.

常用短语及表达法 Useful Phrases and Expressions

哪儿有手推车?	Nǎr yǒu shǒutuīchē?	Where can I get the baggage carts?
行李寄存处在哪儿?	Xíngli jìcúnchù zài nǎr?	Where is the left-baggage office?
我的行李少了一件。	Wǒ de xíngli shǎole yí jiàn.	I am missing one piece of my baggage.

句型 Sentence Pattern

在哪儿＋(做什么)?

例句 1：在哪儿　取行李?

例句 2：在哪儿　换钱?

场景 13　海关检查　Customs Inspection

【海关工作人员递给你一张表格:】

【The customs officer gives you a form:】

A：请填一张海关申报表。

Qǐng tián yì zhāng hǎiguān shēnbàobiǎo.

Please fill out the customs declaration form.

B：好的。

Hǎo de.

OK.

【工作人员检查了你填的单子后说:】

【After inspecting the form you filled, the officer says:】

A：对不起,水果不能入境。

Duìbuqǐ, shuǐguǒ bù néng rù jìng.

Sorry, but the fruit cannot be taken into the country.

这些手表需要纳税。

zhèxiē shǒubiǎo xūyào nàshuì.

but you need to pay a tax on these watches.

B：好的。

Hǎo de.

All right.

常用短语及表达法 Useful Phrases and Expressions

我打算停留六个月。	Wǒ dǎsuàn tíngliú liù gè yuè.	I'll be staying for six months.
我来中国工作。	Wǒ lái Zhōngguó gōngzuò.	I'm here on business.

我没有要报关的东西。	Wǒ méiyǒu yào bàoguān de dōngxi.	I have nothing to declare.
这是我的私人用品。	Zhè shì wǒ de sīrén yòngpǐn.	This is my personal stuff.
这不是要出售的。	Zhè bú shì yào chūshòu de.	This has no commercial value.
我带了……包香烟和……卷胶卷。	Wǒ dàile …… bāo xiāngyān hé …… juǎn jiāojuǎn.	I've ... packages of cigarettes and ... rolls of film with me.

句型 Sentence Pattern

请填 + (什么)。

例句 1: 请填 一张海关申报表。

例句 2: 请填 你的名字。

场景 14 坐机场巴士进城

Taking the Airport Bus to the City

【你想坐机场的班车进城,但不知道在哪儿买票,你问咨询台:】

【You intend to take the airport bus to the city, but you do not know where to buy the ticket, so you go to the information desk:】

A: 请问,在哪儿买班车的车票?

Qǐng wèn, zài nǎr mǎi bānchē de chēpiào?

Excuse me, where can I get the airport bus ticket?

B: 在大门的里边。

Zài dàmén de lǐbian.

Inside the gate.

A: 多长时间有一次班车?

Duōcháng shíjiān yǒu yí cì bānchē?

How often does the bus run?

B: 二十分钟。

Èrshí fēn zhōng.

Every twenty minutes.

A: 我在哪儿上班车?

Wǒ zài nǎr shàng bānchē ?

Where do I get on the bus?

B: 大门外,右边。

Dàmén wài, yòubian.

On the right of the gate.

句型 Sentence Pattern

多长时间有一次+(什么)?

例句 1: 多长时间有一次 班车?

例句 2: 多长时间有一次 比赛?

场景 15 在机场坐出租车 Taking a Taxi at the Airport

☞ In front of the airport, there are often some people hailing you to take their cars. It might be a little cheap, but not very safe. It is suggested that you should go to the taxi station to take a taxi.

(1) A: 朋友,你坐我的车进城吧,八十块。

Péngyou, nǐ zuò wǒ de chē jìn chéng ba, bāshí kuài.

Hi, friend, take my car to the city. Only eighty yuan.

B: 谢谢,不坐。

Xièxie, bú zuò.

No, thanks.

(2)【你到出租汽车站,坐了一辆车。上车后,司机会对你说:】

【After getting into a taxi at the taxi station, the driver will tell you:】

A: 先生,走高速公路的钱需要你付。十块钱。

Xiānsheng, zǒu gāosù gōnglù de qián xūyào nǐ fù. Shíkuài qián.

Excuse me, sir. You are going to pay the highway toll. It's ten yuan.

B: 好的,我会付的。

Hǎo de, wǒ huì fù de.

OK. I'll pay it.

常用短语及表达法 Useful Phrases and Expressions

哪儿有出租车?	Nǎr yǒu chūzūchē?	Where can I get a taxi?
能给我叫辆出租汽车吗?	Néng gěi wǒ jiào liàng chūzū qìchē ma?	Can you call me a taxi, please?
请送我去……	Qǐng sòng wǒ qù ……	Please take me to. . . .
请开慢点儿。	Qǐng kāi màn diǎnr.	Please slow down.
请停一下。	Qǐng tíng yíxià.	Please stop here.

句型 Sentence Pattern

(做什么) +	的钱需要 +	(谁) +	付。
例句 1: 走高速公路	的钱需要	你	付。
例句 2: 买门票	的钱需要	他	付。

场景 16 离境时交机场税
Paying the Airport Tax When Departing

【你到飞机场坐飞机,要先交机场税:】

【You should pay the airport tax before you check in:】

A: 小姐,我交机场税。

Xiǎojie, wǒ jiāo jīchǎngshuì.

Miss, I'd like to pay the airport tax.

B: 请把你的机票给我看一下。请交五十元。

Qǐng bǎ nǐ de jīpiào gěi wǒ kàn yíxià. Qǐng jiāo wǔshí yuán.

Please show me your airplane ticket. Fifty yuan, please.

A: 好的。

Hǎo de.

OK.

B: 你现在可以去托运行李了。

Nǐ xiànzài kěyǐ qù tuōyùn xíngli le.

Now you can go to check your baggage in.

A: 谢谢。

Xièxie.

Thank you.

句型 Sentence Pattern

请把 + （什么） + 给 + （谁） + 看一下。

例句 1: 请把 你的机票 给 我 看一下。

例句 2: 请把 你的护照 给 他 看一下。

场景 17 托运行李 Checking the Baggage

(1)【你的行李不超重。机场工作人员说:】

【Your baggage is not overweight. The airport officer says:】

A: 你的行李不超重。这是你的行李牌和登机牌,请在那儿进行安全检查。

Nǐ de xíngli bù chāozhòng. Zhè shì nǐ de xínglipái hé dēngjīpái, qǐng zài nàr jìnxíng ānquán jiǎnchá.

Your baggage is not overweight. These are your baggage tickets and boarding card. Please go there to pass the security check.

B: 好的。

Hǎo de.

OK.

(2)【你的行李超重了。机场工作人员说:】

【Your baggage is overweight. The airport officer says:】

A: 你的行李超重了,请交超重费。

Nǐ de xíngli chāozhòng le, qǐng jiāo chāozhòngfèi.

Your baggage is overweight. You have to pay the fine.

B: 交多少?

Jiāo duōshao?

How much is it?

A: 350 块。

Sānbǎiwǔshí kuài.

350 yuan.

常用短语及表达法 Useful Phrases and Expressions

超重的行李怎么计价?	Chāozhòng de xíngli zěnme jìjià?	What's the rate for excess baggage?
有去广州的航班吗?	Yǒu qù Guǎngzhōu de hángbān ma?	Is there a flight to Guangzhou?
我们什么时候起飞?	Wǒmen shénme shíhou qǐfēi?	What time do we take off?

句型 Sentence Pattern

请交+(什么)+费。

例句1: 请交 超重 费。
例句2: 请交 手续 费。

场景18 安全检查 The Security Check

【你在机场接受安全检查。工作人员对你说:】

【You are going through the security check at the airport. The airport officer says:】

A: 请出示你的机票,护照,签证和登机牌。

Qǐng chūshì nǐ de jīpiào, hùzhào, qiānzhèng hé dēngjīpái.

Your airplane ticket, passport, visa and boarding card, please.

B: 好的。

Hǎo de.

OK.

A: 请你把你的包放在那儿,人从这边走。

Qǐng nǐ bǎ nǐ de bāo fàngzài nàr, rén cóng zhèbiān zǒu.

Please put your bag there, and come this way.

B: 没问题。

Méi wèntí.

No problem.

句型 Sentence Pattern

请+(谁)+把+(什么)+放在+(哪儿)。

例句 1: 请 你 把 你的包 放在 那儿。

例句 2: 请 他 把 他的书 放在 这儿。

第三章　住旅馆

Chapter Three　Hotel

☞ China has built a lot of modern hotels to meet the booming tourism in recent years. The hotels are ranked by stars, and a five-star one is always the highest both in service and price. The tourists will find Chinese hotels bear close resemblance to their counterparts in Europe and America. The hotel room offers air conditioning, radio, telephone, small refrigerator and television. In almost every room there are cups and a large thermos of hot water for making tea, and tea bags are often provided as well. But do remember never drink water from the tap. In some large five-star hotels, you can find even post offices, exchange offices, bars, swimming pools, bookshops, hairdressers, theatres and massage clinics.

场景 19　打电话预订房间 Making a Telephone Call to Reserve a Room

【你打电话到长城饭店预订房间:】

【You call the Great Wall Hotel to reserve a room:】

A: 您好,这里是长城饭店。

Nín hǎo, zhèli shì Chángchéng Fàndiàn.

Hello, this is the Great Wall Hotel.

B: 您好,我想预订一个双人间。

Nín hǎo, wǒ xiǎng yùdìng yí gè shuāngrénjiān.

Hello. I'd like to reserve a double room.

A: 您打算住多长时间?

Nín dǎsuàn zhù duōcháng shíjiān?

How long will you be staying?

B: 2 月 3 日到 2 月 10 日。

Èr yuè sān rì dào èr yuè shí rì.

From February 3rd till February 10th.

A: 您想住什么标准的房间?

Nín xiǎng zhù shénme biāozhǔn de fángjiān?

What standard room would you like?

B: 一天 50 美元到 80 美元都可以。

Yì tiān wǔshí měiyuán dào bāshí měiyuán dōu kěyǐ.

$50 per night to $80 per night will be acceptable.

A: 这里有 70 美元一天的双人间。

Zhèli yǒu qīshí měiyuán yì tiān de shuāngrénjiān.

We have the double room of $70 per night.

B：好的，我预订一套。

Hǎo de, wǒ yùdìng yí tào.

All right, please reserve one for me.

常用短语及表达法 Useful Phrases and Expressions

能为我在旅馆订一个房间吗？	Néng wèi wǒ zài lǚguǎn dìng yí gè fángjiān ma?	Could you reserve a room for me at a hotel?
不要太贵了。	Bú yào tài guì le.	Not too expensive, please.

句型 Sentence Pattern

我想预订＋（几）＋个＋（几）＋个人的房间。

例句1：	我想预订	一	个	三	个人的房间。
例句2：	我想预订	两	个	一	个人的房间。

场景20 到饭店订房间

Going to the Hotel to Reserve a Room

【你没有预订房间，去饭店住宿：】

【You did not have a reservation, and you walk into a hotel:】

A：你好！

Nǐ hǎo!

How do you do!

B：你好！我没有预订。请问这里有空房间吗？

Nǐ hǎo! Wǒ méiyǒu yùdìng. Qǐng wèn zhèli yǒu kòng fángjiān ma?

How do you do! I don't have a reservation. Is there a vacant room?

A：有。我们这儿有单人间，双人间，四间套，三间套，两间套，和一间套。

Yǒu. Wǒmen zhèr yǒu dānrénjiān, shuāngrénjiān, sìjiāntào, sānjiāntào, liǎngjiāntào, hé yìjiāntào.

Yes. We have single rooms, double rooms, four-room suites, three-room suites, two-room suites, and one-room suites.

B：标准间有淋浴吗？

Biāozhǔnjiān yǒu línyù ma?

Is there a shower in the standard room?

A：有。

Yǒu.

Yes.

B：住一天多少钱？

Zhù yì tiān duōshao qián?

How much does it cost per night?

A：180 块。

Yìbǎi bāshí kuài .

180 yuan.

B：还有更便宜的吗？

Hái yǒu gèng piányi de ma?

Do you have cheaper ones?

A：有，两人合住一个标准间，一天 90 块。

Yǒu，liǎng rén hézhù yí gè biāozhǔnjiān，yì tiān jiǔshí kuài.

Yes，we do. Two persons can share a standard room with 90 yuan per night for each person.

B：我想要一个标准间。

Wǒ xiǎng yào yí gè biāozhǔnjiān.

I'd like a standard room.

常用短语及表达法　Useful Phrases and Expressions

我想要一个……房间。	Wǒ xiǎng yào yí gè……fángjiān.	I'd like a room. . . .
有两张单人床的	yǒu liǎng zhāng dānrénchuáng de	with twin beds
有一张双人床的	yǒu yì zhāng shuāngrénchuáng de	with a double bed

有淋浴/阳台的	yǒu línyù /yángtái de	with a shower /balcony
要安静的。	Yào ānjìng de.	It must be quiet.

句型　Sentence Pattern

（什么）房间＋住一天多少钱？

例句 1：单人房间　　住一天多少钱？
例句 2：双人房间　　住一天多少钱？

场景 21　去预订了房间的饭店住宿

Having Reserved a Room in the Hotel

【你预订了房间，去饭店住宿：】

【You have arrived at the hotel where you have a reservation:】

A：先生 /小姐，上午 /下午 /晚上好！

Xiānsheng /Xiǎojie, shàngwǔ /xiàwǔ /wǎnshang hǎo!

Good morning /afternoon /evening, sir /miss.

B：我 2 月 5 日打电话预订了一个房间。这是订单。

Wǒ èr yuè wǔ rì dǎ diànhuà yùdìngle yí gè fángjiān. Zhè shì dìngdān.

I made a rservation by telephone on February 5. Here is the confirmation.

A：请问您的姓名？

Qǐng wèn nín de xìngmíng?

May I know your name, please?

B：我叫＿＿＿＿＿。

Wǒ jiào ＿＿＿＿＿.

My name is ＿＿＿＿＿.

A：是的，欢迎您来我们饭店！您的房间我们已经为您准备好了。

Shì de, huānyíng nín lái wǒmen fàndiàn! Nín de fángjiān wǒmen yǐjīng wèi nín zhǔnbèi hǎo le.

Yeah. Welcome to our hotel! Your room is already prepared.

B: 十分感谢。

Shífēn gǎnxiè.

Thanks a lot.

常用短语及表达法 Useful Phrases and Expressions

好些 /大些	hǎo xiē /dà xiē	better /bigger
楼层高些 /低些	lóucéng gāo xiē /dī xiē	higher up /lower down
有风景更美的房间吗?	Yǒu fēngjǐng gèng měi de fángjiān ma?	Do you have a room with a better view?
我能看看房间吗?	Wǒ néng kànkan fángjiān ma?	May I see the room?
这间就很好。	Zhè jiān jiù hěn hǎo.	This one is fine.
我不喜欢这间。	Wǒ bù xǐhuan zhè jiān.	I don't like it.

句型 Sentence Pattern

我 + (几)月(几)日 + 打电话预订了一个房间。

例句 1: 我 二月五日 打电话预订了一个房间。

例句 2: 我 八月二日 打电话预订了一个房间。

场景 22 饭店有错误,你预订的房间没有了 Your Room Is Unavailable Due to the Mistake of the Hotel

【你预订了房间,可是服务员却说没有:】

【You have made the reservation, but the attendant says he cannot find the booking:】

A：先生，您好。

Xiānsheng, nín hǎo.

How do you do, sir.

B：您好，我在这里预订了房间。

Nín hǎo, wǒ zài zhèli yùdìngle fángjiān.

How do you do. I've reserved a room here.

A：您的名字？

Nín de míngzi?

May I know your name, please?

B：我叫__________。

Wǒ jiào __________.

My name is __________.

A：您是什么时候预订的房间？

Nín shì shénme shíhou yùdìng de fángjiān?

When did you make the reservation?

B：上星期三。

Shàngxīngqīsān.

Last Wednesday.

A：您有没有收到确认您预订的电传呢？

Nín yǒu méiyǒu shōudào quèrèn nín yùdìng de diànchuán ne?

Have you received a confirmation of your reservation?

B：没有。

Méiyǒu.

No.

A：真对不起！可能是我们搞错了，没有您的房间了。我为您联系别的饭店，好吗？

Zhēn duìbuqǐ! Kěnéng shì wǒmen gǎocuò le, méiyǒu nín de fángjiān le. Wǒ wèi nín liánxì bié de fàndiàn, hǎo ma?

I'm very sorry, but your room is unavailable now. It must be our mistake. But let me help you to contact other hotels, OK?

B：你们能不能送我去？

Nǐmen néng bu néng sòng wǒ qù?

Would you please send me there?

A: 当然。

Dāngrán.

Of course.

句型 Sentence Pattern

(谁)+能不能+送+(谁)+去+(哪儿)?

例句1:	你们	能不能	送	我	去	那个饭店?
例句2:	他们	能不能	送	你	去	长城?

场景 23 问房价 Asking What Service Is Included in the Expense of the Room

【在服务台登记时,你看见你的房费是一天500元,想知道这都包括些什么。于是你问服务员:】

【When registering in the front desk, you find that your room rent is 500 yuan per night. You wonder what this include so you ask the attendant:】

A: 小姐,请问这里的房价是怎么计算的?

Xiǎojie, qǐng wèn zhèli de fángjià shì zěnme jìsuàn de?

Miss, could you tell me what's the price of the room?

B: 您的房租是一天500元人民币。

Nín de fángzū shì yì tiān wǔbǎi yuán rénmínbì.

The room rent is 500 yuan per night.

A: 这个价格包括什么?

Zhège jiàgé bāokuò shénme?

What does the expense include?

B: 包括早餐,冰箱里面的小食品和饮料。

Bāokuò zǎocān, bīngxiāng lǐmiàn de xiǎoshípǐn hé yǐnliào.

It includes breakfast, the snacks and drinks in the fridge.

A: 餐厅在几楼?

Cāntīng zài jǐ lóu?
Which floor is the dining-room on?

B：二楼。
Èr lóu.
Second floor.

常用短语及表达法　Useful Phrases and Expressions

……多少钱？	……duōshao qián?	What's the price…?
这包括……吗？	Zhè bāokuò …… ma?	Does that include…?
儿童有减价吗？	Értóng yǒu jiǎnjià ma?	Is there any reduction for children?
这对我来说太贵了。	Zhè duì wǒ lái shuō tài guì le.	That's too expensive for me.

句型　Sentence Pattern

（什么）　+价是怎么计算的？

例句1：这里的房　价是怎么计算的？
例句2：车　价是怎么计算的？

场景24　客房登记　Checking in

【住饭店时，你先要填一张住宿登记表。接待小姐对你说：】
【Upon arrival at a hotel you will be required to fill in a registration form. The clerk in the acception desk asks you:】

A：先生，我可以看看您的护照和签证吗？
Xiānsheng, wǒ kěyǐ kànkan nín de hùzhào hé qiānzhèng ma?
May I see your passport and visa, sir?

B：给你。
Gěi nǐ.
Here you are.

A: 您需要填一张住宿登记表。

Nín xūyào tián yì zhāng zhùsù dēngjìbiǎo.

You need to fill in a registration form.

B: 我明天写好以后给你，可以吗？

Wǒ míngtiān xiěhǎo yǐhòu gěi nǐ, kěyǐ ma?

Can I return it to you tomorrow after I fill it out?

A: 对不起，这个登记表需要马上填好。

Duìbuqǐ, zhège dēngjìbiǎo xūyào mǎshàng tiánhǎo.

Sorry, the registration form should be filled in now.

B: 好，我现在就填。

Hǎo, wǒ xiànzài jiù tián.

OK. I will do it now.

A: 请您在这儿签名。

Qǐng nín zài zhèr qiānmíng.

Please sign here.

……

请问您想住到哪一天？

Qǐng wèn nín xiǎng zhùdào nǎ yì tiān?

May I ask, when are you leaving?

B: 二月十日。

Èr yuè shí rì.

February 10.

常用短语及表达法 Useful Phrases and Expressions

请把我的行李送到我的房间。	Qǐng bǎ wǒ de xíngli sòngdào wǒ de fángjiān.	Please have my baggage sent up to my room.
我想把这个存在你们的保险箱里。	Wǒ xiǎng bǎ zhège cúnzài nǐmen de bǎoxiǎnxiāng li.	I'd like to leave this in your safe deposit.
我的房间是多少号？	Wǒ de fángjiān shì duōshao hào?	What's my room number?

句型 Sentence Pattern

(谁)+想住到哪天?

例句 1:您 想住到哪天?

例句 2:他 想住到哪天?

场景 25 交钥匙押金 Paying Deposit for the Key

【有的饭店可能会向你要房间钥匙的押金:】

【Some hotels will probably charge you the deposit for the key to your room:】

A: 先生,您需要交 10 块钱的钥匙押金。您离开饭店时,我们会退还给您。

Xiānsheng, nín xūyào jiāo shí kuài qián de yàoshi yājīn. Nín líkāi fàndiàn shí, wǒmen huì tuìhuán gěi nín.

Sir, you need to pay a deposit of 10 yuan for the key. We will return it to you when you check out.

B: 好的。

Hǎo de.

All right.

A: 这是您的钥匙,请您拿好。

Zhè shì nín de yàoshi, qǐng nín náhǎo.

This is your key.

句型 Sentence Pattern

您需要交+(多少)钱+的+(什么)+押金。

例句 1:您需要交 十块钱 的 钥匙 押金。

例句 2:您需要交 一块钱 的 瓶子 押金。

场景 26　你的房间出了问题

There Are Some Problems in Your Room

【你遇到麻烦了,去找服务员:】

【You have some problems and you go to look for the attendant:】

A: 小姐,我的房间里没有热水。

Xiǎojie, wǒ de fángjiān li méiyǒu rèshuǐ.

Miss, in my room there's no hot water.

厕所的灯 /水管子 /电视机 /坏 了。

cèsuǒ de dēng /shuǐguǎnzi /diànshìjī /huài le.

the light in the bathroom /the tap /the TV set doesn't work.

有虫子。

yǒu chóngzi.

there are some insects.

今天没有人打扫。

jīntiān méiyǒu rén dǎsǎo.

nobody cleaned my room today.

窗户卡住了。

chuānghu kǎzhù le.

the window is jammed.

枕头太低了,我想再要一个.

zhěntou tài dī le, wǒ xiǎng zài yào yí gè.

the pillow is too soft, I need one more pillow.

B: 我马上派人去解决这个问题。

Wǒ mǎshàng pài rén qù jiějué zhège wèntí.

I'll have someone fix it at once.

常用短语及表达法　Useful Phrases and Expressions

……坏了。	…… huài le.	The ... doesn't work.
水龙头关不紧。	Shuǐlóngtóu guān bu jǐn.	The faucet is dripping.

窗帘儿拉不动。	Chuāngliánr lā bu dòng.	The curtains are stuck.
水池子的下水道堵住了。	Shuǐchízi de xiàshuǐdào dǔzhù le.	The washbasin is blocked.
你能找人把它修好吗？	Nǐ néng zhǎo rén bǎ tā xiūhǎo ma?	Can you have it repaired?

句型 Sentence Pattern

我的房间+(怎么样)。

例句 1：我的房间 没有热水。
例句 2：我的房间 水管子坏了。

场景 27 你的钥匙锁在房间里了
Your Key Is Locked in the Room

A：小姐，我的钥匙锁在房间里了，你能帮我开一下门吗？
Xiǎojie, wǒ de yàoshi suǒzài fángjiān li le, nǐ néng bāng wǒ kāi yíxià mén ma?
Miss, I locked my key in the room. Could you help me open the door?

B：好的，我马上去。
Hǎo de, wǒ mǎshàng qù.
OK. I'm coming.

句型 Sentence Pattern

我的+(什么)+锁在房间里了。

例句 1：我的 钥匙 锁在房间里了。
例句 2：我的 东西 锁在房间里了。

场景 28　你想多住些天

You Want to Stay for a Few More Days

A: 小姐,我想多住几天,可以不可以?

Xiǎojie, wǒ xiǎng duō zhù jǐ tiān, kěyǐ bù kěyǐ?

Miss, I wonder if I could stay here for a few more days.

B: 请您告诉我您的房间号码。

Qǐng nín gàosu wǒ nín de fángjiān hàomǎ.

Please tell me your room number.

A: 1609。

Yāo liù líng jiǔ.

1609.

B: 很抱歉。1609 号房间已经被别人预订了。您一离开,马上就会有人住。

Hěn bàoqiàn. Yāo liù líng jiǔ hào fángjiān yǐjīng bèi biéren yùdìng le. Nín yì líkāi, mǎshàng jiù huì yǒu rén zhù.

I'm sorry, but Room 1609 has been reserved by someone else. As soon as you leave, he will move in.

A: 您看,我应该怎么办?

Nín kàn, wǒ yīnggāi zěnmebàn?

What do you think that I should do?

B: 让我想一想。1308 号房间还没有被预订,但它比 1609 号小一点,您后天搬到那里,可以吗?

Ràng wǒ xiǎng yì xiǎng. Yāo sān líng bā hào fángjiān hái méiyǒu bèi yùdìng, dàn tā bǐ yāo liù líng jiǔ hào xiǎo yìdiǎn, nín hòutiān bāndào nàli, kěyǐ ma?

Let me think. Room 1308 has not been reserved yet. But that room is a little bit smaller than Room 1609. Can you move there the day after tomorrow?

A: 可以。谢谢你!

Kěyǐ. Xièxie nǐ!

Certainly. Thank you!

句型　Sentence Pattern

我想多住＋(几)＋天。

例句1：我想多住　几　　天。

例句2：我想多住　两　　天。

场景29　你要提前几天走 You Want to Leave a Few Days Earlier

【你有急事必须提前走，你找服务员商量：】

【You must leave earlier than the schedule because of some urgent situations and you are talking to the attendant:】

A：小姐，对不起，我有急事，要明天早上走，我想现在结帐。

Xiǎojie, duìbuqǐ, wǒ yǒu jíshì, yào míngtiān zǎoshang zǒu, wǒ xiǎng xiànzài jiézhàng.

Excuse me, miss, but I have something urgent to do, and I must leave tomorrow morning. I'd like to check out now.

B：好的，希望您下次再来我们饭店。

Hǎo de, xīwàng nín xià cì zài lái wǒmen fàndiàn.

OK. Welcome to our hotel next time.

句型　Sentence Pattern

我有急事，要＋(什么时候)＋走。

例句1：我有急事，要　明天早上　　走。

例句2：我有急事，要　今天晚上　　走。

场景30　换房间　You Want to Change Rooms

【你不喜欢你的房间，想换一个房间：】

【You do not like your present room, and want to move to another one:】

A: 服务员，我的房间太小了，能不能换一个大一点儿的？
Fúwùyuán, wǒ de fángjiān tài xiǎo le, néng bù néng huàn yí gè dà yìdiǎnr de?
Attendant, my room is too small. Could you change it to a bigger one for me?
B: 您住几号房间？
Nín zhù jǐ hào fángjiān?
Which room are you in?
A: 127。
Yāo èr qī.
Room 127.
B: 对不起，比 127 大的房间都住满了。
Duìbuqǐ, bǐ yāo èr qī dà de fángjiān dōu zhùmǎn le.
I am sorry, but all the rooms bigger than Room 127 have been occupied.

句型 Sentence Pattern

	（什么）	+ 太 +	（怎么样了）,	能不能换一个	+（怎么样的）？
例句 1:	我的房间	太	小了，	能不能换一个	大一点儿的？
例句 2:	我的床	太	短了，	能不能换一个	长一点儿的？

场景 31 饭店要你换房间 The Hotel Requests That You Change Rooms

【饭店经理找到你：】
【The hotel manager comes to talk to you:】
A: 先生，早上好。我们有一件事和您商量一下。
Xiānsheng, zǎoshang hǎo. Wǒmen yǒu yí jiàn shì hé nín shāngliang yíxià.
Good morning, sir. We have something to talk to you about.

B：什么事？
Shénme shì?
What's the matter?
A：您的房间需要修理，您能不能换一个房间？
Nín de fángjiān xūyào xiūlǐ, nín néng bù néng huàn yí gè fángjiān?
Your room needs to be repaired. Could you move to another room?
B：我的房间有很多东西，搬起来很麻烦。
Wǒ de fángjiān yǒu hěn duō dōngxi, bān qilai hěn máfan.
There are lots of stuff in my room, it is rather troublesome for me to move.
A：我们会让两个服务员为您搬的。
Wǒmen huì ràng liǎng gè fúwùyuán wèi nín bān de.
We will have two attendants help you.
B：那好吧。
Nà hǎo ba.
OK, then.
A：给您添麻烦了。谢谢您的合作。
Gěi nín tiān máfan le. Xièxie nín de hézuò.
We feel terribly sorry to put you in such big trouble. Thank you for your cooperation.

句型 Sentence Pattern

您的房间要 +（做什么），您能不能换一个房间？
例句 1：您的房间要　修理，　您能不能换一个房间？
例句 2：您的房间要　换地毯，　您能不能换一个房间？

场景 32　你不希望有人打扫房间
You Do Not Want Your Room Be Cleaned

【你告诉服务员，现在不需要打扫你的房间：】
【You are telling the attendant not to clean your room for the present:】

A：小姐，昨天晚上我没有睡觉，今天白天需要休息。请你们现在不要打扫房间，可以吗？

Xiǎojie, zuótiān wǎnshang wǒ méiyǒu shuìjiào, jīntiān báitiān xūyào xiūxi. Qǐng nǐmen xiànzài bú yào dǎsǎo fángjiān, kěyǐ ma?

Miss, I did not sleep last night, so I need to have a rest today. I wish not to be disturbed, and so you don't have to clean my room for the present, OK?

B：好的。那么您认为什么时间打扫比较合适呢？

Hǎo de. Nàme nín rènwéi shénme shíjiān dǎsǎo bǐjiào héshì ne?

OK. Then what time would you like us to clean your room?

A：晚上 7:00 以后吧。

Wǎnshang qī diǎn yǐhòu ba.

How about after 7:00 pm?

B：好的。

Hǎo de.

OK.

句型　Sentence Pattern

（谁）+希望+（谁）+（做什么）。

例句 1：我　　希望　你们　不要打扫房间。

例句 2：他　　希望　你们　下午送热水。

场景 33　你的房间需要打扫 Your Room Needs Cleaning

（1）【你晚上回房间，发现你的房间还没有打扫：】

【You found your room had not been cleaned when you came back to the hotel at the end of the day:】

A：小姐，我的房间还没有打扫。

Xiǎojie, wǒ de fángjiān hái méiyǒu dǎsǎo.

Miss, my room has not been cleaned yet.

B：对不起，我马上去打扫。

Duìbuqǐ，wǒ mǎshàng qù dǎsǎo.

Sorry. I'll do it in a minute.

(2)【你的朋友来看你。他们走了以后，你的房间很脏，需要打扫：】

【Your friends came to pay a visit. After they left, your room is messy and needs cleaning:】

A：对不起，小姐，能不能打扫一下我的房间？

Duìbuqǐ，xiǎojie，néng bù néng dǎsǎo yíxià wǒ de fángjiān?

Excuse me，miss，could you do some cleaning in my room?

B：我们上午打扫过了。

Wǒmen shàngwǔ dǎsǎo guo le.

We have cleaned your room in the morning.

A：我知道。但是刚才我来了很多朋友，现在我的房间很乱。

Wǒ zhīdao. Dànshì gāngcái wǒ láile hěn duō péngyou，xiànzài wǒ de fángjiān hěn luàn.

I know. But just now some friends of mine came and my room is in a mess now.

B：好，我马上去。

Hǎo，wǒ mǎshàng qù.

I see. I'll go to clean it immediately.

A：谢谢你！

Xièxie nǐ!

Thank you!

B：不客气。

Bú kèqi.

You're welcome.

句型　Sentence Pattern

（谁）＋的房间＋没有人＋（做什么）。

例句 1：我　　的房间　没有人　打扫。

例句 2：他　　的房间　没有人　送热水。

场景 34　给前台留口信

Leaving a Message in the Front Desk

(1)【你出去前，告诉前台，你 4:00 回来：】

【Before going out, you want to tell the front desk that you will be back at four o'clock:】

A：小姐，我出去一下。如果有人找我，请告诉他我下午 4:00 回来。

Xiǎojie, wǒ chūqu yíxià. Rúguǒ yǒu rén zhǎo wǒ, qǐng gàosu tā wǒ xiàwǔ sì diǎn huílai.

Miss, I need to go out for a while. If somebody asks for me, please tell him I'll be back at four o'clock in the afternoon.

B：没问题。

Méi wèntí.

No problem.

(2)【你告诉前台你不希望有人打搅：】

【You are telling the front desk that you do not wish to be disturbed:】

A：小姐，如果有人找我，请告诉他我不在。

Xiǎojie, rúguǒ yǒu rén zhǎo wǒ, qǐng gàosu tā wǒ bú zài.

Miss, if somebody asks for me, please tell him I'm not in.

B：好的。

Hǎo de.

OK.

句型　Sentence Pattern

如果有人找我，请告诉他 +（什么事）。

例句 1：如果有人找我，请告诉他　我下午四点回来。

例句 2：如果有人找我，请告诉他　我不在。

场景 35　需要增加东西　You Need Something

A：小姐，我房间的烟灰缸不够用，我还需要一个。

Xiǎojie，wǒ fángjiān de yānhuīgāng bú gòu yòng，wǒ hái xūyào yí gè.

Miss, I have not enough ashtrays. I need one more.

椅子 yǐzi chairs	两把。 liǎng bǎ. two more.
热水瓶 rèshuǐpíng thermoses	一个。 yí gè. one more.
酒杯 jiǔbēi wineglasses	三个。 sān gè. three more.

B：好的，我立刻给您送去。

Hǎo de，wǒ lìkè gěi nín sòngqu.

OK, I'll take it to your room in a minute.

A：太感谢了。

Tài gǎnxiè le.

Thanks a lot.

一些其他要求　Some Requirements You May Make in the Hotel

浴巾	yùjīn	bath towel
暖水袋	nuǎnshuǐdài	hot-water bottle
肥皂	féizào	soap
枕头	zhěntou	pillow
毯子	tǎnzi	blanket
台灯	táidēng	reading lamp
冰块	bīngkuài	ice cubes

句型 Sentence Pattern

(什么)+不够用,还需要+(几个)。

例句1:烟灰缸 不够用,还需要 一个。
例句2:椅子 不够用,还需要 两把。

场景36 有人到饭店找你
Somebody Comes to Ask for You in the Hotel

【你正在房间里休息,服务员打电话说有人找你:】
【You are resting in your room, the attendant calls to tell you that somebody wants to see you:】

A:有一个叫＿＿＿＿＿的先生/女士来找您。
Yǒu yí gè jiào ＿＿＿＿＿ de xiānsheng /nǚshì lái zhǎo nín.
There's a Mr. /Mrs. ＿＿＿＿＿ who wants to see you.

B:(1)请他/她进来。
Qǐng tā jìnlai.
Please ask him /her to come in.

(2)请他/她在大厅等我。
Qǐng tā zài dàtīng děng wǒ.
Please ask him /her to wait for me in the lobby.

(3)请他/她明天去我的办公室。
Qǐng tā míngtiān qù wǒ de bàngōngshì.
Please ask him /her to go to my office tomorrow.

(4)我不认识这个人,我不想见他/她。
Wǒ bú rènshi zhège rén, wǒ bù xiǎng jiàn tā.
I don't know this person. I don't want to see him /her.

句型 Sentence Pattern

(谁) +来找+(谁)。

例句1:有一个叫张三的先生 来找 您。
例句2:玛丽 来找 你。

场景 37　去饭店找人

Going to a Hotel to Look for Someone

【你去饭店找人，可是你不知道他住在哪个房间，于是你去服务台问：】
【You go to a hotel to ask for someone, but you do not know which room he is in, so you go to the front desk for information:】

A：小姐，我想找一个人，他叫 MIKE，美国人，前天来的。

Xiǎojie, wǒ xiǎng zhǎo yí gè rén, tā jiào Mike, Měiguórén, qiántiān lái de.

Miss, I'm coming to see Mike, an American. He arrived the day before yesterday.

B：他知道你来吗？

Tā zhīdao nǐ lái ma?

Does he know you are coming?

A：知道。/不知道。

Zhīdao. /Bù zhīdao.

Yes, he does. /No, he doesn't.

B：请等一下。

Qǐng děng yíxià.

Wait a moment, please.

……

MIKE 先生请您去他的房间，他在 217 号房间。

Mike xiānsheng qǐng nín qù tā de fángjiān, tā zài èr yāo qī hào fángjiān.

Mr. Mike asks you to go to his room. He is in Room 217.

句型　Sentence Pattern

（谁）+知道+（谁）+来吗？

例句 1：他　知道　你　来吗？

例句 2：阿里　知道　我　来吗？

场景 38　在饭店里打长途电话

Making a Long Distance Call in the Hotel

☞ Nowadays, in China, most hotels provide IDD and DDD service. Usually you just need to dial a certain number in your room then the hotel switchboard can help you make a long distance call. It is very convenient. Usually local calls are free of charge. But in case the phone in your room has no IDD function, you can ask the switchboard of the hotel to make the call.

(1)【通过总机给你接长途:】

【You are asking the switchboard to connect a long distance call for you through the phone in your room:】

A: 你好,我想打一个美国长途。

Nǐ hǎo, wǒ xiǎng dǎ yí gè Měiguó chángtú.

Hello, I'd like to make a long distance call to the United States.

B: 是自己付费还是对方付费?

Shì zìjǐ fù fèi háishi duìfāng fù fèi?

Is it a collect call or not?

A: 我付费。

Wǒ fù fèi.

I'll pay it.

B: 好,请您等一会儿,不要挂机。

Hǎo, qǐng nín děng yíhuìr, bú yào guà jī.

OK. Please hold on for a moment.

(2)【你的房间里没有电话,你去服务台打长途:】

【There is not a telephone in your room, so you must go to the front desk to make a long distance call:】

A: 你好,我想打一个美国长途。

Nǐ hǎo, wǒ xiǎng dǎ yí gè Měiguó chángtú.

Hello, I'd like to make a long distance call to the United States.

B: 自己付款还是对方付款?

Zìjǐ fù kuǎn háishi duìfāng fù kuǎn?

Is it a collect call or not?

A: 对方付款。

Duìfāng fù kuǎn.

Collect, please.

B: 打电话后，请交3块钱的手续费。

Dǎ diànhuà hòu, qǐng jiāo sān kuài qián de shǒuxùfèi.

Please pay 3 yuan for the service fee after the phone call.

A: 好。

Hǎo.

OK.

常用短语及表达法 Useful Phrases and Expressions

喂？总机？	Wèi, zǒngjī?	Operator?
我能直拨吗？	Wǒ néng zhíbō ma?	Can I dial directly?
我想让对方付款。	Wǒ xiǎng ràng duìfāng fù kuǎn.	I want to call collect.
请帮我接亚特兰大30303-3083。	Qǐng bāng wǒ jiē Atlanta sān líng sān líng sān-sān líng bā sān.	Can you get me Atlanta, 30303-3083?
我是John Smith，在中国北京打电话。	Wǒ shì John Smith, zài Zhōngguó Běijīng dǎ diànhuà.	This is John Smith calling from Beijing, China.
我的电话费一共多少钱？	Wǒ de diànhuàfèi yígòng duōshao qián?	What is my telephone bill?
请把这笔费用记在我的帐上。	Qǐng bǎ zhè bǐ fèiyong jì zài wǒ de zhàng shang.	Please charge the amount to my account.

句型 Sentence Pattern

是 +（谁）+ 付费还是 +（谁）+ 付费？

例句 1：是 你 付费还是 对方 付费？
例句 2：是 先生 付费还是 小姐 付费？

场景 39 询问饭店的大门几点开，几点关
When Does the Hotel Open and Close

（1）A：请问饭店的大门最晚几点关？
Qǐng wèn fàndiàn de dàmén zuì wǎn jǐ diǎn guān?
Would you please tell me what time the hotel closes?
B：晚上 12:00。
Wǎnshang shí'èr diǎn.
Twelve o'clock at night.
A：最早几点开？
Zuì zǎo jǐ diǎn kāi?
And what time does the hotel open?
B：早上 5:00。
Zǎoshang wǔ diǎn.
Five o'clock in the morning.

（2）A：饭店的大门晚上关吗？
Fàndiàn de dàmén wǎnshang guān ma?
Is the gate of the hotel closed during the night?
B：不关，24 小时都开着。
Bù guān, èrshísì xiǎoshí dōu kāizhe.
No. It is open 24 hours.

句型 Sentence Pattern

（哪儿）+ 的大门最早 /晚 + 几点开 /关？

例句 1：饭店 的大门最晚 几点关？
例句 2：学校 的大门最早 几点开？

场景 40　我的朋友最晚几点离开

What Is the Latest Time My Friend Must Leave

【有的饭店可能会规定最晚的会客时间,你想问一问服务台:】
【Some hotels may set the visiting hours for the guests. You can ask the information desk about it:】

A: 请问,我的朋友最晚可以待到几点?
Qǐng wèn, wǒ de péngyou zuì wǎn kěyǐ dāidào jǐ diǎn?
Excuse me, what's the latest time my friend must leave?

B: 您的朋友在您的房间可以一直待到 23:30,超过这个时间,请他办理住宿手续。
Nín de péngyou zài nín de fángjiān kěyǐ yìzhí dāidào èrshísān diǎn bàn, chāoguò zhège shíjiān, qǐng tā bànlǐ zhùsù shǒuxù.
Your friend doesn't have to leave your room until half past eleven. If he stays beyond that, he should come down to register.

A: 在我的房间加一张床,行吗?
Zài wǒ de fángjiān jiā yì zhāng chuáng, xíng ma?
Could you add a bed in my room?

B: 可以,请您的朋友来服务台办一下手续。
Kěyǐ, qǐng nín de péngyou lái fúwùtái bàn yíxià shǒuxù.
Of course, but your friend must come to the front desk to check in.

A: 好的。
Hǎo de.
OK.

句型　Sentence Pattern

(谁) + 最晚几点离开?

例句 1: 我的朋友　最晚几点离开?
例句 2: 我　最晚几点离开?

场景 41　服务员请你的朋友离开

The Attendant Asks Your Friend to Leave

【时间太晚了,服务员来请你的朋友离开:】

【It is too late, and the attendant requests that your friend leave:】

A: 对不起,饭店规定 24:00 锁大门,您的朋友应该在这个时间以前离开。我很抱歉,可是没有办法,这是制度。

Duìbuqǐ, fàndiàn guīdìng èrshísì diǎn suǒ dàmén, nín de péngyou yīnggāi zài zhège shíjiān yǐqián líkāi. Wǒ hěn bàoqiàn, kěshì méiyǒu bànfǎ, zhè shì zhìdù.

Excuse me, it's our regulation that the gate closes at 24:00, and your friend should leave before that time. I'm very sorry about it, but this is the regulation.

B: 没关系,谢谢你的提醒。我们谈完了。

Méi guānxi, xièxie nǐ de tíxǐng. Wǒmen tánwán le.

It's all right. Thank you for reminding us. We have finished talking.

句型　Sentence Pattern

	(谁)	+应该在+	(什么时间)	+离开。
例句 1:	您的朋友	应该在	二十四点以前	离开。
例句 2:	他	应该在	五点以后	离开。

场景 42　我的女朋友能不能住我的房间

Can My Girl Friend Stay in My Room

A: 小姐,明天我的女朋友要来这儿,她能不能住我的房间?

Xiǎojie, míngtiān wǒ de nǚ péngyou yào lái zhèr, tā néng bù néng zhù wǒ de fángjiān?

Miss, my girl friend will come here tomorrow. Can she stay overnight in my room?

B：如果你们俩已经登记结婚，她可以住你的房间。
Rúguǒ nǐmenliǎ yǐjīng dēngjì jiéhūn，tā kěyǐ zhù nǐ de fángjiān.
If you two have the marriage certificate，she can stay overnight in your room.

句型 Sentence Pattern

（谁）	＋能不能住＋	（谁的）＋	房间？
例句1：我的女朋友	能不能住	我的	房间？
例句2：她的男朋友	能不能住	她的	房间？

场景 43 洗衣的时间 How Long Does It Take to Have My Clothes Washed

☞ Hotels process laundry and dry-cleaning quickly and efficiently. Most hotels provide their guests with laundry bags；if you are in a hurry，deliver the filled bag to the service desk on your floor；otherwise it will be picked up when the room is cleaned. Laundry is usually returned within 24 hours.

【你向服务员询问洗衣的时间：】
【You are asking how long it takes to have your clothes washed：】

A：请问，洗一件衣服需要多长时间？
Qǐng wèn，xǐ yí jiàn yīfu xūyào duōcháng shíjiān?
How long will it take to have a piece of clothing washed?

B：一天。如果您今天把衣物交给服务员，明天这个时间便可以送回。
Yì tiān. Rúguǒ nín jīntiān bǎ yīwù jiāogěi fúwùyuán，míngtiān zhège shíjiān biàn kěyǐ sònghuí.
One day. If you deliver the clothes to the attendant today，she will return it to you at this time tomorrow.

A：洗西装也是一天吗？

Xǐ xīzhuāng yě shì yì tiān ma?

Does it also take one day to have a suit washed?

B：不，洗一般的衣服需要一天，洗毛料的衣服需要两天。

Bù, xǐ yìbān de yīfu xūyào yì tiān, xǐ máoliào de yīfu xūyào liǎng tiān.

No. It takes one day to wash ordinary material clothes and two days to wash woollen clothes.

A：请问你们洗内衣吗？

Qǐng wèn nǐmen xǐ nèiyī ma?

What about underware?

B：对不起，我们不洗内衣。

Duìbuqǐ, wǒmen bù xǐ nèiyī.

Sorry, we don't offer such a service.

A：能不能快一点儿？

Néng bù néng kuài yìdiǎnr?

Can I get my clothes back earlier?

B：我们有加急服务。

Wǒmen yǒu jiājí fúwù.

We have urgent service.

常用短语及表达法 Useful Phrases and Expressions

请把这些衣服洗干净/熨好。	Qǐng bǎ zhèxiē yīfu xǐ gānjìng / yùnhǎo.	I want these clothes cleaned /ironed.
我的衣服什么时候能洗好？	Wǒ de yīfu shénme shíhou néng xǐhǎo?	When will my clothes be ready?
请尽快给我洗好。	Qǐng jǐnkuài gěi wǒ xǐhǎo.	I want them as soon as possible.
你能帮我缝上这个纽扣吗？	Nǐ néng bāng wǒ féngshang zhège niǔkòu ma?	Could you sew on this button for me?
请把这个污点去掉。	Qǐng bǎ zhège wūdiǎn qùdiào.	Please get this stain out.

句型 Sentence Pattern

（做什么） +需要多长时间？

例句 1：洗一件衣服 需要多长时间？

例句 2：吃早饭 需要多长时间？

场景 44 洗衣的程序

How Do I Get My Clothes Washed

【你不知道如何洗衣，你问服务员：】

【You don't know how to send your clothes to laundry, you ask the attendant:】

A：小姐，你能告诉我怎么洗衣服吗？

Xiǎojie, nǐ néng gàosu wǒ zěnme xǐ yīfu ma?

Excuse me, miss. Could you tell me that how I can get my clothes washed?

B：你先填一张洗衣单，把脏衣服放在两个袋子里，干洗和湿洗分开，交给服务员。

Nǐ xiān tián yì zhāng xǐyīdān, bǎ zāng yīfu fàngzài liǎng gè dàizi li, gānxǐ hé shīxǐ fēnkāi, jiāogěi fúwùyuán.

You fill out a laundry form and put your laundry in the bag. If some of your clothes need dry cleaning, you should put them in a separate bag. Then you give the form and the bags to the attendant.

A：服务台有袋子和洗衣单吗？

Fúwùtái yǒu dàizi hé xǐyīdān ma?

Are there bags and forms in the serivce desk?

B：在您床头的柜子里有。

Zài nín chuángtóu de guìzi li yǒu.

They are in your cupboard.

常用短语及表达法　Useful Phrases and Expressions

我的衣服洗好了吗?	Wǒ de yīfu xǐhǎole ma?	Is my lanudry ready?
我今天 /明天早晨 /星期五以前需要我的衣服。	Wǒ jīntiān /míngtiān zǎochen /xīngqīwǔ yǐqián xūyào wǒ de yīfu.	I need my clothes today /tomorrow morning / before Friday.

句型　Sentence Pattern

怎么＋(做什么)?

例句 1: 怎么　洗衣服?

例句 2: 怎么　去医院?

场景 45　加急洗衣

Asking for the Urgent Service

【你有套衣服需要快洗:】

【You have a suit of clothes to wash and you need it soon:】

A: 小姐,这套衣服快洗需要多长时间?
Xiǎojie, zhè tào yīfu kuài xǐ xūyào duō cháng shíjiān?
Miss, how long will it take to have this suit of clothes washed urgently?

B: 两个小时。
Liǎng gè xiǎoshí.
Two hours.

A: 请您注意,这儿有一个污点,请一定洗干净。
Qǐng nín zhùyì, zhèr yǒu yí gè wūdiǎn, qǐng yídìng xǐ gānjìng.
Note that there is a stain here. Please wash it off.

B: 好的,我会注意的。
Hǎo de, wǒ huì zhùyì de.
Yes, I will see to it.

句型　Sentence Pattern

	（什么）	+	快 +（做什么）+	需要多长时间？
例句 1：	这件衣服		快　洗	需要多长时间？
例句 2：	这封信		快　寄	需要多长时间？

场景 46　送回的衣服不干净

The Clothes Are Not Washed Clean

A：先生，您的衣服洗好了。

Xiānsheng, nín de yīfu xǐhǎo le.

Sir, your clothes are ready.

B：谢谢你。我看一看。

Xièxie nǐ. Wǒ kàn yí kàn.

Thank you. Let me have a look.

A：有问题吗？

Yǒu wèntí ma?

Any problems?

B：你看，这里没有洗干净。能不能再洗一次？

Nǐ kàn, zhèli méiyǒu xǐ gānjìng. Néng bu néng zài xǐ yí cì?

Look, it has not been cleaned here. Would you please have it washed again?

A：对不起，我告诉洗衣房再洗一次。明天给您，好吗？

Duìbuqǐ, wǒ gàosu xǐyīfáng zài xǐ yí cì. Míngtiān gěi nín, hǎo ma?

Sorry. I'll tell the laundry to wash it again and send it back tomorrow. OK?

B：没问题。

Méi wèntí.

No problem.

句型　Sentence Pattern

能不能再 +（做什么）+ 一次？

例句 1：能不能再　洗　　一次？

例句 2：能不能再　写　　一次？

场景 47　送回的衣服不是你的

The Clothes Returned Are Not Yours

A：先生，您的衣服洗好了。

Xiānsheng, nín de yīfu xǐhǎo le.

Sir, your clothes are ready.

B：谢谢。哦，等等，这些衣服不是我的。你们一定是送错了。

Xièxie. O, děngdeng, zhèxiē yīfu bú shì wǒ de. Nǐmen yídìng shì sòngcuò le.

Thanks. Oh, wait, these clothes are not mine. You must have made a mistake.

A：是吗？

Shì ma?

Really?

B：我洗的是两件衬衣和一条裤子。

Wǒ xǐ de shì liǎng jiàn chènyī hé yì tiáo kùzi.

My laundry is two shirts and a pair of trousers.

A：对不起，我去查看一下。

Duìbuqǐ, wǒ qù chákàn yíxià.

Sorry. Let me go check.

句型　Sentence Pattern

（什么）　+ 不是我的。

例句 1：这些衣服　不是我的。

例句 2：这些东西　不是我的。

场景 48　补衣服　Having Your Clothes Mended

【你的衣服破了，你没有针和线，也不会补。你去找服务员：】
【Your clothes are torn. You do not have needles or thread, and you do not know how to mend. So you ask for the attendant:】

A：小姐，我的裤子 /裙子 /衬衣破了，有没有地方可以补衣服？
Xiǎojie，wǒ de kùzi /qúnzi /chènyī può le，yǒu méiyǒu dìfang kěyǐ bǔ yīfu?
Miss, my pants /skirts /shirts are torn. Do you know where I can have them mended?

B：您把衣服交给我吧，我替您补。
Nín bǎ yīfu jiāogěi wǒ ba，wǒ tì nín bǔ.
Please give the clothes to me, let me mend them for you.

A：太麻烦你了。
Tài máfan nǐ le.
Sorry to trouble you so much.

句型　Sentence Pattern

(谁的)＋(什么)＋(怎么样了)。

例句 1：	我的	裤子	破了。
例句 2：	他的	钱包	丢了。

场景 49　擦鞋　Having Your Shoes Polished

A：小姐，这里有擦鞋服务吗？
Xiǎojie，zhèli yǒu cā xié fúwù ma?
Miss, do you have the service of polishing shoes?

B：有的。请问您用什么鞋油？
Yǒu de. Qǐng wèn nín yòng shénme xiéyóu?
Yes, we do. What kind of shoe polish do you prefer?

A：无色的。/黑色的。/棕色的。/液体的。

Wúsè de. /Hēisè de. /Zōngsè de. /Yètǐ de.
White. /Black. /Brown. /Liquid polish.

B: 好的。请坐!
Hǎo de. Qǐng zuò!
OK. Sit down, please.

句型 Sentence Pattern

(哪儿)+有+(做什么的)+服务吗?

例句1: 这里 有 擦鞋 服务吗?
例句2: 这儿 有 送餐 服务吗?

场景50 你的东西不见了 You Lost Something

【你发现你的东西不见了,你告诉服务员这件事:】
【You found something lost, so you tell the attendant about it:】

A: 小姐,我有东西不见了。
Xiǎojie, wǒ yǒu dōngxi bújiàn le.
Miss, I've lost something.

B: 什么东西不见了?
Shénme dōngxi bújiàn le?
What did you lose?

A: 我的鞋,白色的布鞋。
Wǒ de xié, báisè de bùxié.
My shoes, a pair of white cloth shoes.

B: 什么时候发现的?
Shénme shíhou fāxiàn de?
When did you realize?

A: 刚才。
Gāngcái.
Just now.

B：您别着急，我去问一问，一会儿告诉您。

Nín bié zháojí, wǒ qù wèn yí wèn, yíhuìr gàosu nín.

Do not be worried, let me go ask and I'll be back in a minute.

句型 Sentence Pattern

（什么） +不见了。

例句1：我的东西 不见了。
例句2：他的书 不见了。

场景51 能帮我一个忙吗？ Could You Do Me a Favour?

【你请服务员帮你做一件事：】
【You are asking the attendant to do you a favour:】

A：小姐，今天下午你能帮我一个忙吗？

Xiǎojie, jīntiān xiàwǔ nǐ néng bāng wǒ yí gè máng ma?

Miss, could you do me a favour this afternoon?

B：当然。请问是什么事？

Dāngrán. Qǐng wèn shì shénme shì?

Of course, what is it?

A：你帮我买一个生日蛋糕，送给607的张先生。

Nǐ bāng wǒ mǎi yí gè shēngrì dàngāo, sònggěi liù líng qī de Zhāng xiānsheng.

Please buy a birthday cake and give it to Mr. Zhang in Room 607.

B：没问题，您放心吧！

Méi wèntí, nín fàngxīn ba.

No problem.

A：谢谢你，这二十块钱给你。

Xièxie nǐ, zhè èrshí kuài qián gěi nǐ.

Thank you so much. Please accept this 20 yuan.

B：不用了，我很乐意帮助您。

Búyòng le，wǒ hěn lèyì bāngzhù nín.

There is no need，I am happy to help you.

句型　Sentence Pattern

你帮我＋(做什么)。

例句 1：你帮我　买一个生日蛋糕。
例句 2：你帮我　打一个电话。

场景 52　搬行李　Carrying the Baggage

【你要离开饭店了，请服务员为你搬行李：】
【You are going to check out，so you ask the porter to carry your baggage：】

A：对不起，请把我的行李搬到饭店门口，好吗？再给我叫一辆出租汽车，我要去飞机场。

Duìbuqǐ，qǐng bǎ wǒ de xíngli bāndào fàndiàn ménkǒu，hǎo ma? Zài gěi wǒ jiào yí liàng chūzū qìchē，wǒ yào qù fēijīchǎng.

Excuse me，could you carry my baggage to the front gate of the hotel，call a taxi，and tell the driver I will go to the airport?

B：先生，您的箱子里有容易碎的东西吗？

Xiānsheng，nín de xiāngzi li yǒu róngyì suì de dōngxi ma?

Sir，is there anything fragile in your cases?

A：那个箱子里有一套磁器。

Nàge xiāngzi li yǒu yí tào cíqì.

There is a set of china in that case.

B：我知道了。

Wǒ zhīdao le.

I know.

常用短语及表达法　Useful Phrases and Expressions

请把行李帮我拿下来可以吗?	Qǐng bǎ xíngli bāng wǒ ná xialai kěyǐ ma?	Would you please have my baggage sent down?
请给我们叫辆出租车好吗?	Qǐng gěi wǒmen jiào liàng chūzūchē hǎo ma?	Can you get us a taxi?

句型　Sentence Pattern

请把+(什么)　+搬到+(哪儿)。

例句1:请把　我的行李　搬到　饭店门口。

例句2:请把　这把椅子　搬到　那儿。

场景53　结帐　Checking Out

(1) A:小姐,我结帐。

Xiǎojie, wǒ jiézhàng.

Miss, I'd like to check out.

B:好的。这是您的帐单,请您看一下,对不对?

Hǎo de. Zhè shì nín de zhàngdān, qǐng nín kàn yíxià, duì bu duì?

OK. This is your bill. Please check it.

(2) A:小姐,我明天早上要很早离开,我想现在结帐,请开好帐单。

Xiǎojie, wǒ míngtiān zǎoshang yào hěn zǎo líkāi, wǒ xiǎng xiànzài jiézhàng, qǐng kāihǎo zhàngdān.

Miss, I will leave early tomorrow morning. I'd like to check out now, please have my bill ready.

B:好的。我算一下,请您等一会儿。

Hǎo de. Wǒ suàn yíxià, qǐng nín děng yíhuìr.

OK. Let me work the bill out. Please wait a moment.

A:没问题!

Méi wèntí!

No problem!

常用短语及表达法　Useful Phrases and Expressions

我想要结帐。	Wǒ xiǎng yào jiézhàng.	May I have my bill, please.
我想在中午办理结帐手续。	Wǒ xiǎng zài zhōngwǔ bànlǐ jiézhàng shǒuxù.	I'll be checking out around noon.
我可以用信用卡结帐吗?	Wǒ kěyǐ yòng xìnyòngkǎ jiézhàng ma?	Can I pay by credit card?
这个帐单好象有错吧。	Zhège zhàngdān hǎoxiàng yǒu cuò ba.	I think there is a mistake with the bill.

句型　Sentence Pattern

我想＋(什么时候)＋结帐。

例句1：我想　现在　结帐。

例句2：我想　今天下午　结帐。

场景54　钱收多了　You Are Overcharged

A：小姐，我的帐单上的钱收多了。

Xiǎojie, wǒ de zhàngdān shang de qián shōuduō le.

Miss, look at the bill. I think I was overcharged.

B：是吗？我看一下。

Shì ma? Wǒ kàn yíxià.

Really? Let me have a look.

【过了一会儿：】

【After a while:】

B: 先生,我们没有多收您的钱。

Xiānsheng, wǒmen méiyǒu duō shōu nín de qián.

Sir, we did not overcharge you.

A: 我在这儿住了三个晚上,不是四个晚 上。

Wǒ zài zhèr zhùle sān gè wǎnshang, bú shì sì gè wǎnshang.

I only spent three nights here, not four.

B: 对不起,饭店规定过了中午 12:00 结帐收一天的房费。您住了三个晚上,可是现在是晚上 10:00,我们应该收您四天的房费。

Duìbuqǐ, fàndiàn guīdìng guòle zhōngwǔ shí'èr diǎn jiézhàng shōu yì tiān de fángfèi. Nín zhùle sān gè wǎnshang, kěshì xiànzài shì wǎnshang shí diǎn, wǒmen yīnggāi shōu nín sì tiān de fángfèi.

Sorry, but according to the regulation of the hotel, if you check out after twelve o'clock at noon, the hotel will charge you one more day's expense. You did only spend three nights here, but now it is ten o'clock in the evening, so it is reasonable for us to charge you four days' expense.

A: 我明白了。

Wǒ míngbai le.

I see.

句型 Sentence Pattern

	(什么)	+钱收多了。
例句 1:	我的帐单上的	钱收多了。
例句 2:	房	钱收多了。

场景 55 钱算错了 The Bill Is Wrongly Calculated

A: 先生,您的房费一共是 1650 元。

Xiānsheng, nín de fángfèi yígòng shì yìqiān liùbǎi wǔshí yuán.

Sir, you should pay 1650 yuan for the housing.

B: 每天的房费是 350 元,5 天应该是 1750 元,不是 1650 元。

Měitiān de fángfèi shì sānbǎi wǔshí yuán, wǔ tiān yīnggāi shì yìqiān qībǎi wǔshí yuán, bú shì yìqiān liùbǎi wǔshí yuán.

My room rent is 350 yuan per day. It should be 1750 yuan for five days, not 1650.

A: 对不起,是我算错了,谢谢您。

Duìbuqǐ, shì wǒ suàncuò le, xièxie nín.

I am sorry. I made a mistake. Thank you.

句型 Sentence Pattern

(什么)+费应该是+(多少钱),不是+(多少钱)。

例句 1: 我的房 费应该是 1750 元, 不是 1650 元。

例句 2: 我的饭 费应该是 380 元, 不是 420 元。

场景 56 钱算少了

The Hotel Charged You Less Than You Should Pay

A: 先生,请看一看您的帐单对不对?

Xiānsheng, qǐng kàn yí kàn nín de zhàngdān duì bu duì?

Sir, please take a look at your bill and check it.

B: 这个帐单可能算少了,我洗过两件衣服,但帐单里没有洗衣费。

Zhège zhàngdān kěnéng suànshǎo le, wǒ xǐguo liǎng jiàn yīfu, dàn zhàngdān li méiyǒu xǐyīfèi.

Perhaps you charged me less. I had two pieces of my clothes washed, but there's no laundry fee in the bill.

A: 您说得很对,是没有写洗衣费。太感谢您了!

Nín shuō de hěn duì, shì méiyǒu xiě xǐyīfèi. Tài gǎnxiè nín le!

You are right. There's no laundry fee in the bill. Thank you very much.

B: 不客气。

Bú kèqi.

That's OK.

句型　Sentence Pattern

您看一下＋(什么)　＋　对不对?

例句1: 您看一下　您的帐单　对不对?

例句2: 您看一下　您的名字　对不对?

场景57　交钥匙　Returning the Key

【你把钥匙还给服务台:】

【You are returning the key to your room to the service desk:】

A: 小姐,这是我的房间钥匙,还给您。

Xiǎojie, zhè shì wǒ de fángjiān yàoshi, huángěi nín.

Miss, I'd like to return the key to my room.

B: 谢谢您,这是您的押金100元。

Xièxie nín, zhè shì nín de yājīn yìbǎi yuán.

Thank you. This is your deposit of 100 yuan.

句型　Sentence Pattern

这是＋(谁的)　＋(什么),还给＋(谁)。

例句1: 这是　我房间的　钥匙,　还给　您。

例句2: 这是　玛丽的　书,　还给　她。

场景58　和服务员告别 Saying Farewell to the Attendants

【你和服务员相处得很好,离店时,你对她们说:】

【If you are satisfied with the service of the attendants you could say to them when you leave:】

A：小姐，我们要走了。这些天，谢谢你们的照顾，我们住得很愉快。
Xiǎojie，wǒmen yào zǒu le. Zhèxiē tiān，xièxie nǐmen de zhàogu，wǒmen zhù de hěn yúkuài.
Miss，we are leaving. Thank you for taking care of us these days and we have had a very enjoyable stay.
B：谢谢您，欢迎您再来。
Xièxie nín，huānyíng nín zài lái.
Thank you，please come to our hotel again.
A：这个小礼物送给你们。
Zhège xiǎo lǐwù sònggěi nǐmen.
This is a small gift for you.
B：谢谢！
Xièxie!
Thanks.

句型　Sentence Pattern

（什么）　+送给+（谁）。
例句1：这个小礼物　送给　你们。
例句2：这个包　送给　你。

场景59　留地址和要地址　Exchanging Addresses

【你和饭店的服务员互留地址：】
【You are exchanging addresses and phone numbers with the attendants：】
A：这是我的通信地址和电话，我们以后可以写信，也可以打电话。
Zhè shì wǒ de tōngxìn dìzhǐ hé diànhuà，wǒmen yǐhòu kěyǐ xiě xìn，yě kěyǐ dǎ diànhuà.
Here is my forwarding address and telephone number，so in the future we can write or call each other.
B：谢谢，我一定给您写信。
Xièxie，wǒ yídìng gěi nín xiě xìn.

Thank you. I promise to write to you.

A：你能不能给我留一个地址和电话？

Nǐ néng bu néng gěi wǒ liú yí gè dìzhǐ hé diànhuà?

Could you give me your address and telephone number?

B：当然。

Dāngrán.

Of course.

句型 Sentence Pattern

(谁)+能不能+给+(谁)+留一个地址和电话？

例句1：	你	能不能	给	我	留一个地址和电话？
例句2：	你们	能不能	给	他	留一个地址和电话？

场景60 投诉服务质量 Complaining About the Poor Service Quality

【服务员态度不好，你去找饭店经理投诉：】

【You are complaining about the poor service to the manager of the hotel:】

A：请问，您是这个饭店的经理吗？

Qǐng wèn, nín shì zhège fàndiàn de jīnglǐ ma?

Excuse me, are you the manager of this hotel?

B：是。您有什么问题吗？

Shì. Nín yǒu shénme wèntí ma?

Yes. Can I help you?

A：我是1603号房间的客人，405号服务员态度不好。

Wǒ shì yāo liù líng sān hào fángjiān de kèren, sì líng wǔ hào fúwùyuán tàidu bù hǎo.

I live in Room 1603. The attitude of attendant No. 405 is not very good.

B：对不起，我马上去调查一下。

Duìbuqǐ, wǒ mǎshàng qù diàochá yíxià.

I'm sorry. I will go check it out immediately.

句型　Sentence Pattern

(谁)　　　　　+(怎么样)。

例句 1: 405 号服务员　态度不好。
例句 2: 那个人　　　　很好看。

场景 61　赞扬好的服务　Praising a Good Service

☞ In China, if an attendant does a good job, it is better to write a commendatory letter to his manager rather than give him tips.

A: 经理先生,您好。我住在你们饭店的时候,112 号服务员给了我很多的帮助。我写了一封信表扬他。这封信可以交给您吗?
Jīnglǐ xiānsheng, nín hǎo. Wǒ zhùzài nǐmen fàndiàn de shíhou, yāo yāo èr hào fúwùyuán gěile wǒ hěn duō de bāngzhù. Wǒ xiěle yì fēng xìn biǎoyáng tā. Zhè fēng xìn kěyǐ jiāogěi nín ma?
Mr. Manager, when I was staying in your hotel, the attendant No. 112 gave me a lot of help. So I wrote a commendatory letter for him. Can I hand in this letter to you?

B: 可以。我一定会表扬他的。
Kěyǐ. Wǒ yídìng huì biǎoyáng tā de.
Yes. And I'll convey your regards to him.

句型　Sentence Pattern

(什么)+可以交给+(谁)吗?

例句 1: 这封信　可以交给　您吗?
例句 2: 钥匙　　可以交给　她吗?

第四章　问路
Chapter Four　Asking the Way

场景 62　在机场问路
Asking the Way at the Airport

(1)【在机场，你不知道在哪儿登机，你问机场服务员：】
【You don't know where to board at the airport, and you go inquiring the officers about it:】

A: 请问，CA3151 航班在哪儿登机？
Qǐng wèn, CA sān yāo wǔ yāo hángbān zài nǎr dēng jī?
Excuse me, where should I board the flight CA3151?

B: 在 7 号候机室。
Zài qī hào hòujīshì.
Waiting-room No. 7.

(2)【下飞机后，询问出租汽车站和机场巴士站：】
【Asking where to call a taxi or take an airport bus after getting off the plane:】

A: 请问，出租汽车站 /机场巴士站在哪儿？
Qǐng wèn, chūzū qìchēzhàn /jīchǎng bāshìzhàn zài nǎr?
Excuse me, where is the taxi /airport bus station?

B: 出租汽车站在大门外左边。/机场巴士站在大门外右边，每 15 分钟一辆。
Chūzū qìchēzhàn zài dàmén wài zuǒbian. /Jīchǎng bāshìzhàn zài dàmén wài yòubian, měi shíwǔ fēnzhōng yí liàng.
The taxi station is on the left side of the gate. /The bus station is on the right side of the gate. The bus runs every 15 minutes.

常用短语及表达法　Useful Phrases and Expressions

我什么时间到机场办理登机手续?	Wǒ shénme shíjiān dào jīchǎng bànlǐ dēng jī shǒuxù?	What time do I have to check in?
单程票 /往返票	dānchéngpiào / wǎngfǎnpiào	one-way ticket /roundtrip ticket
下一班去上海的航班什么时间起飞?	Xià yì bān qù Shànghǎi de hángbān shénme shíjiān qǐfēi?	When is the next flight to Shanghai?

句型　Sentence Pattern

(1)(什么)　+在哪儿?

例句1: 出租汽车站　在哪儿?

例句2: 机场巴士站　在哪儿?

(2) 有去+(哪儿)的+(什么)吗?

例句1: 有去　机场的　　班车吗?

例句2: 有去　北京的　　航班吗?

场景63　在火车站问路
Asking the Way at the Railway Station

The train system is well developed in China, however, independent train travel is not easy because it is extremely difficult to buy tickets immediately before departure. All the seats will have been sold out, and the train will be full. It is advisable to arrange your journey and buy your ticket in advance.

There are three types of train rates of speed. The first type is the slow trains, stopping at all the small stations; the second type is the fast trains, stopping only at larger towns and cities; and the third type is the express trains, with a speed of 140 km per hour and connecting major cities.

When buying ticket there are some possibilities: hard and soft seating; hard and soft sleeper. All the trains are numbered and are referred to primarily to this number. Both number and destination are announced over the loudspeakers, so in the railway station. Make sure you are all ears.

【在火车站里，你不知道在哪个站台上火车，你问服务员：】

【You don't know on which platform to get on the train, so you go ask the attendant:】

A：请问，北京到上海的 31 次列车在哪儿上车？

Qǐng wèn, Běijīng dào Shànghǎi de sānshíyī cì lièchē zài nǎr shàng chē?

Excuse me, where should I get on the train No. 31 from Beijing to Shanghai?

B：第 2 站台。

Dì-èr zhàntái.

Platform No. 2.

A：在哪儿剪票？

Zài nǎr jiǎn piào?

Where do I check in? (get the ticket punched)

B：第 7 剪票口。

Dì-qī jiǎnpiàokǒu.

Gate No. 7.

A：谢谢你。

Xièxie nǐ.

Thank you.

常用短语及表达法	Useful Phrases and Expressions	
请送我去火车站。	Qǐng sòng wǒ qù huǒchēzhàn.	Please take me to the railway station.
慢车 /快车 /特快车	mànchē /kuàichē /tèkuàichē	slow train /fast train /express train
入口 /出口 /站台	rùkǒu /chūkǒu /zhàntái	entrance /exit /platform
去天津的下一班车几点开？	Qù Tiānjīn de xià yì bān chē jǐ diǎn kāi?	When is the next train to Tianjin?
火车在石家庄停多长时间？	Huǒchē zài Shíjiāzhuāng tíng duō cháng shíjiān?	How long will the train stop in Shijiazhuang?
列车正点吗？	Lièchē zhèngdiǎn ma?	Is the train running on time?
列车在西安停吗？	Lièchē zài Xī'ān tíng ma?	Will the train stop in Xi'an?
餐车	cānchē	dining-car
列车什么时候到北京？	Lièchē shénme shíhou dào Běijīng?	What time does the train arrive in Beijing?

句型 Sentence Pattern

(几次)列车 + 在哪儿上车？

例句 1：31 次列车　　在哪儿上车？

例句 2：83 次列车　　在哪儿上车？

场景 64 在地铁站问路

Asking the Way at the Subway Station

☞ The Beijing underground, carrying more than half of the passengers each day, operates daily between 5:13 and 23:30. Trains and stations are maintained in spotless condition. Each station is visibly quite different from all the others by its own color scheme, the shape of the columns or other lesser details. Station names are written in *pinyin* as well as in Chinese. At present, there are one single line from Pingguoyuan to Fuxingmen, and a circular line which runs around the Second Circle of Beijing.

【在地铁站里，站台的两边都有列车，你不知道坐哪一边，你问服务员：】

【In the subway, there are trains on both sides of the platform, you don't know which train you should take, so you go ask the attendant:】

A：请问，去建国门在哪边上车？

Qǐng wèn, qù Jiànguómén zài nǎ biān shàng chē?

Excuse me, which train should I take to go to Jianguomen?

B：左边。/右边。

Zuǒbian. /Yòubian.

The train on your left /right side.

常用短语及表达法 Useful Phrases and Expressions

离这儿最近的地铁站在哪儿？	Lí zhèr zuì jìn de dìtiězhàn zài nǎr?	Where is the nearest underground station?
下一站是……吗？	Xià yí zhàn shì…… ma?	Is the next station...?

句型　Sentence Pattern

去＋(哪儿)＋在哪儿上车?

例句1:去　建国门　在哪儿上车?
例句2:去　天安门　在哪儿上车?

场景65　在码头问路
Asking the Way at the Dock

☞ If you have the chance, try to go for a cruise down the Yangtze River. It will be more comfortable in second class where there are two to four beds in each cabin. Third and fourth classes are much more cramped, being based on dormitory-style accommodation.

【在码头,你不知道在哪儿上船,你问服务员:】
【You don't know where to get on your boat, so you go asking the attendant:】

A:请问,我去香港应该在哪儿上船?
Qǐng wèn, wǒ qù Xiānggǎng yīnggāi zài nǎr shàng chuán?
Excuse me, where should I board the ship to Hong Kong?

B:1号码头。
Yī hào mǎtou.
Dock No. 1.

常用短语及表达法　Useful Phrases and Expressions

客舱	kècāng	cabin
二等舱	èr děng cāng	second class
三等舱	sān děng cāng	third class
我想坐船做一次短途旅游。	Wǒ xiǎng zuò chuán zuò yí cì duǎntú lǚyóu.	I'd like to take a short cruise.

句型　Sentence Pattern

我去 +（哪儿）+ 应该在哪儿上船？

例句 1：我去　香港　　应该在哪儿上船？

例句 2：我去　上海　　应该在哪儿上船？

场景 66　在公共汽车站问路
Asking the Way at the Bus Stop

☞ Public transport is generally very cramped and it is not unusual to see passengers clinging onto the doors of buses. You buy your ticket from the conductor who will tell you when and where to get off if you give him a note of your destination written in Chinese characters.

【你想坐公共汽车去一个地方，可是你不知道坐哪路车，你问一个行人：】

【You want to go a certain place but you don't know which bus you should take, so you go ask a pedestrian:】

A：请问，去中国银行怎么坐车？
Qǐng wèn, qù Zhōngguó Yínháng zěnme zuò chē?
Excuse me, which bus should I take to the Bank of China?

B：你先坐 26 路汽车到车公庄站下车，再换乘 44 路汽车到阜成门站下车就到了。
Nǐ xiān zuò èrshíliù lù qìchē dào Chēgōngzhuāngzhàn xià chē, zài huàn chéng sìshísì lù qìchē dào Fùchéngménzhàn xià chē jiù dào le.
First you take the No. 26 bus to Chegongzhuang station, then change to the No. 44 bus to Fuchengmen station and you will be there.

A：26 路汽车在哪儿上车？
Èrshíliù lù qìchē zài nǎr shàng chē？
Where can I take the bus No. 26?

B：在马路对面。
Zài mǎlù duìmiàn.
It is across the road.

常用短语及表达法　Useful Phrases and Expressions

动物园	dòngwùyuán	zoo
音乐厅	yīnyuètīng	concert hall
展览馆	zhǎnlǎnguǎn	exhibition hall
百货商店	bǎihuò shāngdiàn	department store
公共汽车站	gōnggòng qìchēzhàn	bus stop
去……要坐几站?	Qù…… yào zuò jǐ zhàn?	How many bus stops are there to ... ?
路上要用多长时间?	Lù shang yào yòng duō cháng shíjiān?	How long will the trip take?
我要换车吗?	Wǒ yào huàn chē ma?	Do I have to change buses?
你能在该下车的时候告诉我吗?	Nǐ néng zài gāi xià chē de shíhou gàosu wǒ ma?	Can you tell me when to get off?

句型　Sentence Pattern

去+(哪儿) +怎么坐车?

例句 1: 去　王府井　怎么坐车?

例句 2: 去　中国银行　怎么坐车?

场景 67　骑自行车或走路时问路
Asking the Way When Going Out by Bike or on Foot

It could be quite an extraordinary experience to bike around Beijing because in this way you can get a real glimpse of the daily life of Beijing people. The price of bikes ranges from a couple of hundred yuan to a thousand, but an ordinary bike will do. Or you can hire a bike in some large bicycle repair shops.

【你在走路或骑车时迷了路，停下来问路：】

【You lost your direction while biking or strolling around, and you stop to ask the way:】

A: 请问，去中国银行怎么走？
Qǐng wèn, qù Zhōngguó Yínháng zěnme zǒu?
Excuse me, can you tell me the way to the Bank of China?

B: 你先向前走，在第一个十字路口向北拐，再向前 /左 /右走 100 米，再向东 /南 /西 /北拐 20 米就到了。
Nǐ xiān xiàng qián zǒu, zài dì-yī gè shízì lùkǒu xiàng běi guǎi, zài xiàng qián /zuǒ /yòu zǒu yìbǎi mǐ, zài xiàng dōng /nán /xī /běi guǎi èrshí mǐ jiù dào le.
Go straight ahead, turn north at the first crossroad, keep going ahead /turn left /turn right for 100 meters, then turn to east /south / west /north for 20 meters, and you will find it.

常用短语及表达法 Useful Phrases and Expressions

请问,这条街叫什么名字?	Qǐng wèn, zhè tiáo jiē jiào shénme míngzi?	Excuse me, what's the name of this street?
我怎么才能找到这个地方?	Wǒ zěnme cáinéng zhǎodào zhège dìfang?	How can I find this place?
你能告诉我去……的路怎么走吗?	Nǐ néng gàosu wǒ qù……de lù zěnme zǒu ma?	Can you tell me how to get to ...?
……离这儿有多远?我该坐几路汽车?	……lí zhèr yǒu duō yuǎn? Wǒ gāi zuò jǐ lù chē?	How far is it to ... from here? Which bus should I take?
你走错路了。	Nǐ zǒucuò lù le.	You're going the wrong way.
一直走。	Yìzhí zǒu.	Go straight ahead.
在下一个路口往右拐。	Zài xià yí gè lùkǒu wǎng yòu guǎi.	Turn right at the next corner.

句型 Sentence Pattern

去+(哪儿) +怎么走?

例句 1:去 中国银行 怎么走?

例句 2:去 北京饭店 怎么走?

第五章　打电话

Chapter Five　Telephoning

场景 68　问电话号码　Asking Telephone Numbers

(1)【你拨 114 人工查号台询问电话号码:】

【You are dialing 114, the directory inquiries, to ask telephone number:】

A: 请问,北京饭店的电话号码是多少?

Qǐng wèn, Běijīng Fàndiàn de diànhuà hàomǎ shì duōshao?

Hello, what is the telephone number of the Beijing Hotel?

B: 65317766。

Liù wǔ sān yāo qī qī liù liù.

Six five three one, double seven, double six.

(2)【你询问朋友的电话:】

【You are inquiring about a friend's telephone number:】

A: 玛丽的电话号码是多少,你知道吗?

Mary de diànhuà hàomǎ shì duōshao, nǐ zhīdao ma?

Do you know Mary's telephone number?

B: 对不起,我不知道。你可以问问格林。

Duìbuqǐ, wǒ bù zhīdào. Nǐ kěyǐ wènwen Green.

Sorry, I don't know. You may ask Green.

A: 谢谢!

Xièxie!

Thanks.

句型 Sentence Pattern

(哪儿)　+的电话号码是多少?

例句 1: 北京饭店　的电话号码是多少?

例句 2: 玛丽　　　的电话号码是多少?

场景 69　打电话　Telephoning

【你打电话到一个学校找一个朋友:】

【You are calling a school to speak to a friend of yours:】

A: 喂?
Wèi?
Hello!

B: 喂? 您找谁?
Wèi? Nín zhǎo shuí?
Hello! Whom do you want to speak to?

A: 您是新东方学校吗?
Nín shì Xīndōngfāng Xuéxiào ma?
Is that the New Oriental School?

B: 对。
Duì.
Yes.

A: 请问麦克先生在吗?
Qǐng wèn Mike xiānsheng zài ma?
May I speak to Mr. Mike?

B: 请稍等。/我就是。
Qǐng shāo děng. /Wǒ jiù shì.
Please wait a moment. /This is he.

常用短语及表达法 Useful Phrases and Expressions

我想和……说话。	Wǒ xiǎng hé …… shuōhuà.	I want to speak to ....
我就是。	Wǒ jiù shì.	This is she /he.
请大点儿声,我听不见。	Qǐng dà diǎnr shēng, wǒ tīng bu jiàn.	Speak louder, please, I can't hear you.
请说慢点儿。	Qǐng shuō màn diǎnr.	Speak more slowly, please.

句型 Sentence Pattern

请问 + (谁) + 在吗?

例句 1: 请问 麦克先生 在吗?
例句 2: 请问 玛丽小姐 在吗?

场景 70　打分机电话 64615024—4508

Calling the Extension 64615024—4508

【你先拨打 64615024,电话通了:】

【Firstly, you dail 64615024. It gets through:】

A: 喂,总机?

Wèi, zǒngjī?

Operator?

B: 喂,您要哪儿? 请说分机号。

Wèi, nín yào nǎr? Qǐng shuō fēnjī hào.

Hello! Which extension? Please tell me the extension number.

A: 请转 4508。

Qǐng zhuǎn sì wǔ líng bā.

Extension 4508, please.

B: 请稍等。4508 占线。

Qǐng shāo děng. Sì wǔ líng bā zhàn xiàn.

Please wait a minute. The line is busy.

A: 好的,我一会儿再打。

Hǎo de, wǒ yíhuìr zài dǎ.

OK, I'll try again later.

常用短语及表达法　Useful Phrases and Expressions

总机,线断了。	Zǒngjī, xiàn duàn le.	Operator, we've been cut off.
你接错号码了。	Nǐ jiēcuò hàomǎ le.	You put me through to the wrong number.
请转……	Qǐng zhuǎn……	I want extension. . . .

句型　Sentence Pattern

我+(什么时候)+再打。

例句1：我　一会儿　再打。

例句2：我　五分钟后　再打。

场景 71　接电话的人不在

The Person You Call Is Not There

A：喂，你好。

Wèi, nǐ hǎo.

Hello?

B：请找 405 房间的李明。

Qǐng zhǎo sì líng wǔ fángjiān de Lǐ Míng.

May I speak to Li Ming in Room 405?

A：对不起，他现在不在这儿。

Duìbuqǐ, tā xiànzài bú zài zhèr.

I am sorry, but he is not here now.

B：他什么时候能回来？

Tā shénme shíhou néng huílai?

When will he be back?

A：不太清楚。您有什么事要转告吗？

Bú tài qīngchu. Nín yǒu shénme shì yào zhuǎngào ma?

I'm not very clear. Do you want to leave a message?

B：请您告诉他，我来过电话，我叫______，麻烦您让他给我回个电话。

Qǐng nín gàosu tā, wǒ láiguo diànhuà, wǒ jiào ______, máfan nín ràng tā gěi wǒ huí ge diànhuà.

Please tell him that I have called, my name is ______. Please ask him to call me back.

A：没问题。

Méi wèntí.

No problem.

句型　Sentence Pattern

请找一下＋(哪儿的)＋　(谁)。

例句 1：请找一下　405 房间的　李明。

例句 2：请找一下　384 号的　麦克。

场景 72　打呼机　Beeping Your Friend

☞ Nowadays, more and more Chinese, especially young Chinese have a beeper for convenience. It is very important to learn how to beep them if you do not want to miss the chance of meeting with your friend.

【你朋友的呼机号码是 62045566 呼 11757，你打电话呼他：】

【Your friend's pager number is 62045566, call 11757. And you are calling to beep him:】

A：您好！

Nín hǎo！

Hello!

B：请呼 11757。

Qǐng hū yāo yāo qī wǔ qī.

Please call 11757.

A：您贵姓？

Nín guìxìng?

What's your surname, please?

B：我姓李。

Wǒ xìng Lǐ.

My surname is Li.

A：请说全名。

Qǐng shuō quán míng.

Please tell me your full name.

B：李大伟。

Lǐ Dàwěi.

Li Dawei.

A：请留言。/您的电话？

Qǐng liúyán. /Nín de diànhuà?

Please leave a message. /Your telephone number, please?

B：请回电话 68902651。

Qǐng huí diànhuà liù bā jiǔ líng èr liù wǔ yāo.

Please call back on the number 68902651.

A：好的，请挂机。

Hǎo de, qǐng guà jī.

OK. Please hang up.

句型 Sentence Pattern

请回电话＋（ ）。

例句 1：请回电话 68902651。

例句 2：请回电话 68420845。

第六章　在银行

Chapter Six　In the Bank

场景 73　用现金兑换人民币

Exchanging Cash for RMB

☞ Foreign currency and traveler's cheques can be exchanged or cashed only at authorized exchange offices, such as main ports and airports, leading hotels, banks and Friendship Stores. You'll have to show your passport. Keep the receipt as proof of the amount changed. You'll need it if you want to convert excess Chinese money to a foreign currency when leaving the country. Any money still in your hands when you leave China will be changed back at the same rate as when you entered. The exchange rate varies everyday and is the same everywhere.

Most foreigners would be confused by China's currency system. The standard currency, called renminbi or RMB (people's money) is based on the *yuan* (a dollar), *jiao* (a dime) and *fen* (a cent), in which 10 *fen* equals one *jiao*, 10 *jiao* equals one *yuan*.

A：小姐，我想兑换500美元的人民币。
Xiǎojie, wǒ xiǎng duìhuàn wǔbǎi Měiyuán de Rénmínbì.
Miss, I'd like to exchange $500 for RMB.

B：请先填一张兑换单。
Qǐng xiān tián yì zhāng duìhuàndān.
Please fill out an exchange form.

A：今天1美元兑换多少人民币？
Jīntiān yì Měiyuán duìhuàn duōshao Rénmínbì?
What's the exchange rate today?

B：8块2毛9分。500美元换4145块人民币。
Bā kuài èr máo jiǔ fēn. Wǔbǎi Měiyuán huàn sìqiān yībǎi sìshíwǔ kuài Rénmínbì.
It's $1 for 8.29 yuan RMB, and $500 can be exchanged for 4145 yuan RMB.

常用短语及表达法 Useful Phrases and Expressions

我想用……兑换……	Wǒ xiǎng yòng …… duìhuàn ……	I'd like to exchange... for...
离这儿最近的银行在哪儿？	Lí zhèr zuì jìn de yínháng zài nǎr?	Where is the nearest bank from here?
要付多少手续费？	Yào fù duōshao shǒuxùfèi?	How much commission do you charge?

今天的兑换率是多少?	Jīntiān de duìhuànlǜ shì duōshao?	What is the exchange rate today?
要等多长时间?	Yào děng duō cháng shíjiān?	How long will it take?
请给我二十元和五十元面值的钞票。	Qǐng gěi wǒ èrshí yuán hé wǔshí yuán miànzhí de chāopiào.	Please give me bills in twenties and fifties.

注释:几种主要货币名称

Note: Some foreign currencies

马克	mǎkè	mark
港币	gǎngbì	Hongkong dollar
日元	rìyuán	yen
法朗	fǎláng	franc
英镑	yīngbàng	pound

句型 Sentence Pattern

我想换+(多少)+美元的人民币。

例句1:我想换 五百 美元的人民币。

例句2:我想换 一千 美元的人民币。

场景74 用支票换人民币

Exchanging Cheques for RMB

☞ Traveler's cheques are recognized at the money-exchange counters of hotels and shops almost everywhere in China. When you go to exchange a traveler's cheque, do remember to bring your passport. In some big cities personal cheques are accepted on presentation of certain credit cards.

A: 小姐,我想把这张支票换成人民币。

Xiǎojie, wǒ xiǎng bǎ zhè zhāng zhīpiào huànchéng Rénmínbì.

Miss, I'd like to cash this check for RMB.

B: 请把你的护照给我看一下。

Qǐng bǎ nǐ de hùzhào gěi wǒ kàn yíxià.

Please show me your passport.

A: 给你。

Gěi nǐ.

Here you are.

B: 请在这张纸上签你的名字。

Qǐng zài zhè zhāng zhǐ shang qiān nǐ de míngzi.

Please sign your name here.

A: 好的。

Hǎo de.

OK.

句型 Sentence Pattern

我想把+(什么) +换成+(什么)。

例句1: 我想把 这张支票 换成 人民币。

例句2: 我想把 美元 换成 马克。

场景75 在银行存钱

Depositing Money in the Bank

A: 小姐,我想开个帐户,把这笔钱存入我的帐户。

Xiǎojie, wǒ xiǎng kāi ge zhànghù, bǎ zhè bǐ qián cúnrù wǒ de zhànghù.

Miss, I'd like to open an account and deposit this into my account.

B: 请填一张存款单。

Qǐng tián yì zhāng cúnkuǎndān.

Please fill out a deposit form.

A: 好的。

Hǎo de.

OK.

【你填好存款单后，交给工作人员，她会给你一个牌子，上面有一个号码。例如：9号。过了一会儿，工作人员叫你：】

【You return the form to the clerk after filling it out, and she will give you a small plate with a number on it, say, No. 9. After a while she will call your number:】

B：9号。

Jiǔ hào.

No. 9.

A：在这儿。

Zài zhèr.

Yes?

B：你存了多少钱？

Nǐ cúnle duōshao qián?

How much did you deposit?

A：5000美元。

Wǔqiān Měiyuán.

Five thousand dollars.

B：给你存折。

Gěi nǐ cúnzhé.

This is your bankbook.

A：谢谢你。

Xièxie nǐ.

Thank you.

句型　Sentence Pattern

我想存＋（什么）。

例句1：我想存　一些美元。

例句2：我想存　一百元人民币。

场景 76　在银行取钱
Drawing Money from the Bank

【你如果要在银行取钱,应先填一张蓝色的取款单,把存折和取款单一起交给工作人员。工作人员在查阅计算机之后会问:】

【To draw money from your account in the bank you first should fill out a blue form for drawing out the money. Then you give the form together with your bankbook to the clerk. After checking records on the computer the clerk will ask a series of questions:】

A: 您的密码是多少?
Nín de mìmǎ shì duōshao?
What is your code number?

B: 0226。
Líng èr èr liù.
0226.

A: 您取多少钱?
Nín qǔ duōshao qián?
How much do you want to draw out?

B: 我取 100 美元。
Wǒ qǔ yìbǎi Měiyuán.
One hundred dollars.

A: 给您。
Gěi nín.
Here you are.

B: 谢谢!
Xièxie!
Thanks!

句型　Sentence Pattern

(谁)+取+(多少钱)。

例句 1: 我　取　一千美元。
例句 2: 他　取　五百元人民币。

第七章　在邮局

Chapter Seven　In the Post Office

场景 77　打长途电话

Making a Long-Distance Call

☞ Post office, recognized by the sign **邮电局**, provides postal service, delivers telegrams and telexes, sells stamps, envelopes, postcards and writing paper. And also you can make both IDD and DDD calls in a post office and the prices are very fair, but you need to pay a 20 yuan deposit for DDD call and 200 yuan for IDD call.

A: 小姐,我想打个长途电话。
Xiǎojie, wǒ xiǎng dǎ ge chángtú diànhuà.
Miss, I'd like to make a long-distance call.

B: 您打国内长途还是国际长途?
Nín dǎ guónèi chángtú háishi guójì chángtú?
International call or domestic call?

A: 国内长途,北京。
Guónèi chángtú, Běijīng.
Domestic long-distance call, to Beijing.

B: 您先交 20 块钱的押金,填一张电话单。
Nín xiān jiāo èrshí kuài qián de yājīn, tián yì zhāng diànhuàdān.
Please pay a deposit of 20 yuan and fill out a telephone call form.

A: 给您。
Gěi nín.
Here you are.

B: 请您去三号电话亭。
Qǐng nín qù sān hào diànhuàtíng.
Please go to the No. 3 telephone booth.

A: 谢谢。
Xièxie.
Thanks.

【你突然忘记了北京的区号,回到服务台询问:】
【You suddenly forget Beijing's region code so you come back to inquire about it:】

A: 对不起,我把北京的区号忘了。你能告诉我吗?
Duìbuqǐ, wǒ bǎ Běijīng de qūhào wàng le. Nǐ néng gàosu wǒ ma?
Sorry, I forget the region code of Beijing. Could you tell me?

B: 010。
Líng yāo líng.
It's 010.

A: 多谢。
Duō xiè.
Thanks a lot.

句型 Sentence Patterns

(1) 请 + (谁) + 去 + (哪儿)。

例句 1: 请 您 去 三号电话亭。
例句 2: 请 他 去 101 房间。

(2) (谁) + 把 + (什么) + 忘了。

例句 1: 我 把 北京的区号 忘了。
例句 2: 他 把 我的名字 忘了。

场景 78 发电报 Sending a Telegram

A: 小姐,我要往广州发一份电报。
Xiǎojie, wǒ yào wǎng Guǎngzhōu fā yí fèn diànbào.
Miss, I'd like to send a telegram to Guangzhou.

B: 请先买一张电报纸,4 毛钱。
Qǐng xiān mǎi yì zhāng diànbàozhǐ, sì máo qián.
Please buy a telegram form first. Forty cents, please.

A：好的。

Hǎo de.

OK.

B：请您写清楚地址和电报挂号。

Qǐng nín xiě qīngchu dìzhǐ hé diànbào guàhào.

Please clearly write down the address and the telegraphic address.

A：知道了。

Zhīdao le.

I see.

常用短语及表达法 Useful Phrases and Expressions

我能在这儿发电报吗？	Wǒ néng zài zhèr fā diànbào ma?	Can I send a telex from here?
可以给我一张电报纸吗？	Kěyǐ gěi wǒ yì zhāng diànbàozhǐ ma?	May I have a telegram form, please?
能请对方付费吗？	Néng qǐng duìfāng fù fèi ma?	Can I have the charge transferred?
一个字多少钱？	Yí gè zì duōshao qián?	How much is it per word?
基价是多少？	Jījià shì duōshao?	What's the basic charge?

句型 Sentence Pattern

请＋（谁）＋写清楚＋（什么）。

例句1：请 您 写清楚 地址和电报挂号。

例句2：请 他 写清楚 电话号码。

场景79 发传真 Sending a Fax

A：请问，你们这里能发传真吗？

Qǐng wèn, nǐmen zhèli néng fā chuánzhēn ma?

Excuse me, can I send a fax here?

B：可以。

Kěyǐ.

Yes.

A：发一份国内传真多少钱？

Fā yí fèn guónèi chuánzhēn duōshao qián?

How much is a domestic fax?

B：一页纸 10 块钱。

Yí yè zhǐ shí kuài qián.

10 yuan a page.

A：我想往上海发一份传真。

Wǒ xiǎng wǎng Shànghǎi fā yí fèn chuánzhēn.

I want to send a fax to Shanghai.

B：请您把传真号码和要发的东西给我。

Qǐng nín bǎ chuánzhēn hàomǎ hé yào fā de dōngxi gěi wǒ.

Please give me the fax number and the letter.

A：给您。

Gěi nín.

Here you are.

B：请您稍等一会儿。

Qǐng nín shāo děng yíhuìr.

Please wait a moment.

……

B：先生，您的传真发完了。

Xiānsheng, nín de chuánzhēn fāwán le.

Sir, your fax has been transmitted.

A：谢谢。我该付多少钱？

Xièxie. Wǒ gāi fù duōshao qián?

Thank you. How much should I pay?

B：20 元。

Èrshí yuán.

20 yuan.

句型 Sentence Pattern

我想往+(哪儿)+发+(什么)。

例句1:我想往 上海 发 一份传真。
例句2:我想往 广州 发 一封信。

场景80 寄特快专递 Sending an Express Mail

☞ The post office provides Express Mail Service which guarantees to deliver your mail to the receiver safely in three days. The price of EMS is much higher, about 20 times as high as the ordinary mail.

A:小姐,我想寄一个特快专递到广州。
Xiǎojie, wǒ xiǎng jì yí gè tèkuài zhuāndì dào Guǎngzhōu.
Miss, I want to send an express mail to Guangzhou.

B:请先填一份单子。
Qǐng xiān tián yí fèn dānzi.
Please fill out this form first.

A:对不起,我不会写汉字,您能不能帮我填一下?
Duìbuqǐ, wǒ bú huì xiě Hànzì, nín néng bu néng bāng wǒ tián yíxià?
Sorry, I don't know how to write Chinese characters. Could you help me to fill it out?

B:好的。请您把地址和电话号码给我。
Hǎo de. Qǐng nín bǎ dìzhǐ hé diànhuà hàomǎ gěi wǒ.
OK. Please give me the address and the telephone number.

A:给您。
Gěi nín.
Here you are.

句型 Sentence Pattern

(谁)+想寄+(什么) +到+(哪儿)。

例句1：我 想寄 一个特快专递 到 广州。
例句2：他 想寄 一个包裹 到 上海。

场景81 寄信 Mailing a Letter

A：小姐，我想寄一封信到纽约。
Xiǎojie, wǒ xiǎng jì yì fēng xìn dào New York.
Miss, I want to send this letter to New York.
B：您是寄平信，航空信，还是挂号信？
Nín shì jì píngxìn, hángkōngxìn, háishi guàhàoxìn?
Do you want to send it by surface mail, airmail, or registered mail?
A：平信。
Píngxìn.
Surface mail.
B：请把信给我称一下。
Qǐng bǎ xìn gěi wǒ chēng yíxià.
Please give me the letter to weigh.
……
请您贴五块四的邮票。
Qǐng nín tiē wǔ kuài sì de yóupiào.
Please stick the stamps of five yuan and forty cents.

句型 Sentence Pattern

请把+(什么) +给(谁)+(怎么)一下。

例句1：请把 信 给我 称一下。
例句2：请把 你的笔记 给我 看一下。

场景 82　买邮票　Buying Stamps

A：小姐，我买几张邮票。

Xiǎojie，wǒ mǎi jǐ zhāng yóupiào.

Miss，I'd like to buy some stamps.

B：您要什么样的？

Nín yào shénmeyàng de?

What types of the stamps do you want?

A：要三张两块的，两张一块的，和一张五毛的。

Yào sān zhāng liǎng kuài de，liǎng zhāng yí kuài de，hé yì zhāng wǔ máo de.

I want three two yuan stamps，two one yuan stamps，and one fifty cent stamp.

B：一共八块五毛。

Yígòng bā kuài wǔ máo.

It's altogether eight yuan and fifty cents.

A：给您。

Gěi nín.

Here you are.

常用短语及表达法　Useful Phrases and Expressions

我要几张邮票。	Wǒ yào jǐ zhāng yóupiào.	I want some stamps, please.
一张明信片的邮费是多少钱？	Yì zhāng míngxìnpiàn de yóu fèi shì duōshao qián?	What's the postage for a postcard?
邮筒在哪儿？	Yóutǒng zài nǎr?	Where is the mailbox?

场景 83　寄包裹　Mailing a Parcel

☞ When sending a parcel in China，don't seal it until it has been checked by the clerk at the post office.

A：小姐，我要寄一个包裹到深圳。

Xiǎojie，wǒ yào jì yí gè bāoguǒ dào Shēnzhèn.

Miss，I'd like to send this parcel to Shenzhen.

B：请先填一张包裹单。

Qǐng xiān tián yì zhāng bāoguǒdān.

Please fill out a parcel form.

A：我填好了。请你看一下。

Wǒ tiánhǎo le. Qǐng nǐ kàn yíxià.

I've filled it out. Here you are.

B：好，请您把要寄的东西给我看一下。

Hǎo，qǐng nín bǎ yào jì de dōngxi gěi wǒ kàn yíxià.

OK. Please show me what you are going to send.

A：你一定要看吗？

Nǐ yídìng yào kàn ma?

Must you examine it?

B：对。您还应该买一个纸盒子。

Duì. Nín hái yīnggāi mǎi yí gè zhǐhézi.

Yes. You should also buy a paper box.

……

B：邮费和盒子的钱一共是三十块零六毛。

Yóufèi hé hézi de qián yígòng shì sānshí kuài líng liù máo.

In total the postage and the paper box cost thirty yuan and sixty cents.

A：好。

Hǎo.

All right.

B：您买多少钱的保险？

Nín mǎi duōshao qián de bǎoxiǎn?

How much insurance do you want to buy?

A：我的东西值 1000 块。

Wǒ de dōngxi zhí yìqiān kuài.

The contents are worth 1000 yuan.

B：那么您的保险费是十元。请您在这儿签字。

Nàme nín de bǎoxiǎnfèi shì shí yuán. Qǐng nín zài zhèr qiānzì.

Then you should pay 10 yuan for the insurance fee. Please sign your name here.

句型 Sentence Pattern

(谁)+一定要+(做什么)+吗?

例句1:您 一定要 看 吗?
例句2:他 一定要 去 吗?

场景84 汇款 Remitting Money

A:小姐,我想汇5000块钱到南京,请问几天能到?
Xiǎojie, wǒ xiǎng huì wǔqiān kuài qián dào Nánjīng, qǐng wèn jǐ tiān néng dào?
Miss, I'd like to remit five thousand yuan to Nanjing. Could you tell me how many days it will take?

B:电汇要三天,信汇六天。
Diànhuì yào sān tiān, xìnhuì yào liù tiān.
Three days for a telegraphic transfer and six days for a mail transfer.

A:那我用电汇。
Nà wǒ yòng diànhuì.
Then I will use a telegraphic transfer.

B:好的。请填一张汇款单。
Hǎo de. Qǐng tián yì zhāng huìkuǎndān.
OK. Please fill out a money order.

A:给您。
Gěi nín.
Here you are.

B:这是您的收据,请您拿好。如果钱没有寄到,您可以凭收据来查。
Zhè shì nín de shōujù, qǐng nín náhǎo. Rúguǒ qián méiyǒu jìdào, nín kěyǐ píng shōujù lái chá.
This is your receipt, please keep it. If the recipient doesn't receive

the money, you can come to check using this form.

句型 Sentence Pattern

我想汇 +（多少钱）+ 到 +（哪儿）。

例句 1：我想汇 5000 块钱 到 南京。

例句 2：我想汇 1000 美元 到 香港。

场景 85 取汇款 Receiving a Remittance

A：小姐，我取汇款。

Xiǎojie, wǒ qǔ huìkuǎn.

Miss, I'd like to take my remittance.

B：请给我您的取款单，还有您的护照或者身份证。

Qǐng gěi wǒ nín de qǔkuǎndān, hái yǒu nín de hùzhào huòzhě shēnfènzhèng.

Please show me your bill of remittance and your passport or identity card.

A: 给您。

Gěi nín.

Here you are.

B: 请您在这儿签上您的名字。

Qǐng nín zài zhèr qiānshang nín de míngzi.

Please sign your name here.

A: 好的。

Hǎo de.

OK.

B: 这是您取的汇款,请您数一数。

Zhè shì nín qǔ de huìkuǎn, qǐng nín shǔ yì shǔ.

This is your remittance, please count it.

A: 好的。钱正好。

Hǎo de. Qián zhènghǎo.

OK. It's absolutely correct.

句型　Sentence Pattern

请＋(谁)＋数一数＋(什么)。

例句 1:	请	您	数一数	您的钱。
例句 2:	请	他	数一数	这些书。

第八章 在咖啡厅和酒吧
Chapter Eight In the Cafe and the Bar

☞ If this is your first time to China, your schedule might be filled fully by visits to all the scenic spots like the Great Wall or the Forbidden City. But in the evening do remember to spare some time for Beijing's night life, such as nightclubs, discos, theaters, and so on, by this way you will get a thorough outlook of the Beijing City.

场景 86 喝咖啡 Having a Cup of Coffee

【你来到一个咖啡厅,坐在一张桌子旁边,服务员走过来问你:】
【You walk into a cafe and sit at a table. The waiter comes to ask you:】

A:先生,您想要点儿什么?
　Xiānsheng, nín xiǎng yào diǎnr shénme?
　Sir, what can I do for you?

B:我要一杯咖啡。要真正的咖啡,不要速溶的。
　Wǒ yào yì bēi kāfēi. Yào zhēnzhèng de kāfēi, bú yào sùróng de.
　I'd like a cup of coffee, the real coffee, not the instant coffee.

A:好的,加糖吗?
　Hǎo de, jiā táng ma?
　OK. Do you want sugar in your coffee?

B:不加。
　Bù jiā.
　No.

A:加奶吗?
　Jiā nǎi ma?
　How about milk?

B:不加,我要一杯苦咖啡。
　Bù jiā, wǒ yào yì bēi kǔkāfēi.
　No. I'd like a cup of black coffee.

句型 Sentence Patterns

(1) 我想要+(多少)+(什么)。

例句 1:我想要 一杯 咖啡。
例句 2:我想要 两杯 酒。

(2) 加+(什么)+吗?

例句 1:加 糖 吗?
例句 2:加 奶 吗?

场景 87　喝果汁　Having a Glass of Juice

A：请问，你们这儿有什么果汁？

Qǐng wèn, nǐmen zhèr yǒu shénme guǒzhī?

What kind of juice do you have?

B：我们这儿有橙汁，苹果汁，西瓜汁，梨汁和柠檬汁。

Wǒmen zhèr yǒu chéngzhī, píngguǒzhī, xīguāzhī, lízhī hé níngméngzhī.

We have orange juice, apple juice, watermelon juice, pear juice and lemon juice.

A：是鲜的纯果汁吗？

Shì xiān de chún guǒzhī ma?

Is it fresh and pure juice?

B：不是的。

Bú shì de.

No, it isn't.

A：那我要一罐可口可乐。

Nà wǒ yào yí guàn kěkǒu kělè.

Then I'd like a coke.

句型　Sentence Pattern

是鲜＋(什么)＋吗？

例句 1：是鲜　果汁　吗？

例句 2：是鲜　鱼　吗？

场景 88　要土豆片和冰淇淋
Ordering Potato Chips and Ice-Cream

【在酒吧里你想要一点儿零食：】

【In a bar you want to order some snacks:】

A：请问，有土豆片吗？

Qǐng wèn, yǒu tǔdòupiàn ma?

Excuse me, do you serve potato chips?

B: 有的。

Yǒu de.

Yes, we do.

A: 要一盘。有什么冰淇淋?

Yào yì pán. Yǒu shénme bīngqílín?

I'd like one plate of that. What flavor of ice-creams do you have?

B: 有草莓的,巧克力的和香草的。

Yǒu cǎoméi de, qiǎokèlì de hé xiāngcǎo de.

We have strawberry flavor, chocolate flavor and vanilla flavor.

A: 我要一个巧克力的。

Wǒ yào yí gè qiǎokèlì de.

One chocolate flavor, please.

B: 马上就好。

Mǎshàng jiù hǎo.

At once.

句型 Sentence Pattern

有什么样的 + (什么)?

例句 1: 有什么样的　冰淇淋?

例句 2: 有什么样的　酒?

场景 89　在酒吧喝酒　Drinking Wine in a Bar

A: 请问,这里有什么酒?

Qǐng wèn, zhèli yǒu shénme jiǔ?

Excuse me, what kind of alcoholic drink do you have?

B: 有白酒、红酒、啤酒和洋酒。

Yǒu báijiǔ, hóngjiǔ, píjiǔ hé yángjiǔ.

We have Chinese spirits, wine, beer, and foreign spirits.

A: 你们有什么牌子的啤酒?

Nǐmen yǒu shénme páizi de píjiǔ?

What brands of beer do you have?

B：我们有兰带、百威、弗斯特、青岛和燕京啤酒。

Wǒmen yǒu Lándài、Bǎiwēi、Fúsītè、Qīngdǎo hé Yànjīng píjiǔ.

We have Blue Band, Budwiser, Foster, Qingdao and Yanjing.

A：我要一听青岛啤酒。

Wǒ yào yì tīng Qīngdǎo píjiǔ.

I'd like a can of Tsingtao beer.

常用短语及表达法 Useful Phrases and Expressions

加冰块	jiā bīngkuài	on the rocks
纯的	chún de	neat (straight)
清爽型 /黑啤酒	qīngshuǎngxíng / hēi píjiǔ	light /dark beer
你这儿有……酒吗?	Nǐ zhèr yǒu …… jiǔ ma?	Do you have ... here?
瓶装的 /散装的	píng zhuāng de / sǎn zhuāng de	bottled /draught
我想要一瓶法国产的葡萄酒。	Wǒ xiǎng yào yì píng Fǎguó chǎn de pútaojiǔ.	I'd like a bottle of wine from France.

句型 Sentence Pattern

你们有什么+(什么的)+(什么东西)?

例句1：你们有什么　牌子的　　啤酒?

例句2：你们有什么　颜色的　　衬衣?

场景 90 在酒吧喝水

What Kind of Water Would You Like to Drink

【在酒吧里,服务员走过来对你说:】

【In the bar the waiter comes to you and says:】

A: 先生,您想喝点儿什么?

Xiānsheng, nín xiǎng hē diǎnr shénme?

What would you like to drink, sir?

B: 我想要一杯水。

Wǒ xiǎng yào yì bēi shuǐ.

I'd like a glass of water.

A: 您想喝哪种水? 矿泉水,蒸馏水,还是纯净水?

Nín xiǎng hē nǎ zhǒng shuǐ? Kuàngquánshuǐ, zhēngliúshuǐ, háishi chúnjìngshuǐ?

What kind of water would you prefer? Mineral water, distilled water, or pure water?

B: 天气热,我要一杯蒸馏水吧。

Tiānqì rè, wǒ yào yì bēi zhēngliúshuǐ ba.

The weather is hot, so let me have a glass of distilled water.

A: 好的,请稍等。

Hǎo de, qǐng shāo děng.

OK. Please wait a moment.

第九章　上饭馆

Chapter Nine　Eating Out

☞ One of the first things that comes to mind when talking about China surely would be the Chinese cuisine which enjoys a high reputation all over the world and is gaining an ever broader following. Chinese restaurants are finding a booming market in almost every corner of the world. When you are in China you might be astonished at the variety, flavor and finesse of the Chinese culinary art.

In the western inland provinces like Sichuan and Hunan, food is hot and spicy with red chilies, Sichuan peppercorns and ginger as principal ingredients. While the east part of the country is known for the preparation of fish and seafood. The food of Guangdong Province is probably the best known in the West, with its sweet and sour dishes. In this region, visitors will have the pleasure of trying snake, turtle or even monkey. Here the emphasis is to preserve natural color and taste, so cooking methods are swift, and avoid using heavy flavorings.

When dining with a lot of friends there is certain etiquette to pay attention to. Toasts regularly punctuate a formal Chinese dinner or banquet and it is considered bad form to drink before the host has first proposed a toast to his guests' health. The host will raise his glass shortly after the dinner begins, and the guest of honor is expected to reply to this opening toast either straight away or when the next dish is served. If you don't feel like a particular dish, just leave it, but it would be considered polite to try a mouthful in any case. Fruit marks the end of the meal. The Western custom of rounding off dinner whit coffee, cigars and brandy is unknown in China.

场景 91　预订桌子

Making Reservation in a Restaurant

☞ If you are planning to dine out at a top restaurant, be sure to make reservation in advance.

【你打电话或者亲自去饭馆订一个桌子,准备明天晚上请朋友吃饭:】
【You will invite a friend to dinner tomorrow evening, and you are calling the restaurant or going there yourself to make a reservation:】

A: 您好,您有什么事?
Nín hǎo, nín yǒu shénme shì?
How do you do! What can I do for you?

B: 我想预订一张桌子。
Wǒ xiǎng yùdìng yì zhāng zhuōzi.
I'd like to reserve a table.

A: 什么时间?

Shénme shíjiān?

For when?

B：明天晚上 6:00 到 8:00。

Míngtiān wǎnshang liù diǎn dào bā diǎn.

Tomorrow evening, six to eight.

A：您几个人吃饭？

Nín jǐ gè rén chī fàn ?

How many people?

B：两个。有没有靠窗户的桌子？

Liǎng gè. Yǒu méiyǒu kào chuānghu de zhuōzi?

Two. Do you have a table by the window?

A：有。请您写一下您的名字和电话。如果您取消预订，请早点儿通知我们。

Yǒu. Qǐng nín xiě yíxià nín de míngzi hé diànhuà. Rúguǒ nín qǔxiāo yùdìng, qǐng zǎo diǎnr tōngzhī wǒmen.

Yes, we do. Please write down your name and telephone number. If you plan to cancel the dinner, please inform us as early as possible.

B：好的。谢谢！

Hǎo de. Xièxie!

All right. Thank you!

句型　Sentence Pattern

如果您 + (做什么)，请早点儿通知 + (谁)。

例句 1：如果您　取消预订，请早点儿通知　我们。

例句 2：如果您　不想去，　请早点儿通知　司机。

场景 92　找停车场　Looking for a Parking Lot

【你开着车去吃饭，要找一个有停车场的饭馆：】

【You drive a car to dine, and you are looking for a restaurant with parking lot:】

A：请问，我的汽车能停在哪儿？

Qǐng wèn, wǒ de qìchē néng tíngzài nǎr?

Where can I park my car?

B: 停车场在饭店的后边 /前边。

Tíngchēchǎng zài fàndiàn de hòubian /qiánbian.

The parking lot is behind the hotel /in front of the hotel.

A: 我知道了,谢谢。

Wǒ zhīdao le, xièxie.

I got it. Thank you.

句型　Sentence Pattern

　　(什么)车　　+停在哪儿?

例句 1: 我的汽车　　停在哪儿?

例句 2: 我们的自行车　停在哪儿?

场景 93　包席和点菜

Set-Price Table or Order by Carte

☞ In China, you can order dishes yourself, or pay a fixed price and let the restaurant arrange the menu. If you have many guests to entertain, it would be more convenient to let the restaurant arrange everything; if you only invite several people, it's better to order dishes yourself.

A: 晚上好,先生。请问您是包席还是点菜?

Wǎnshang hǎo, xiānsheng. Qǐng wèn nín shì bāoxí háishi diǎn cài?

Good evening, sir. What can I do for you? Do you want a set-price table or carte?

B: 我想包席。

Wǒ xiǎng bāoxí.

I'd like a set-price table.

A: 包席有 400 元,600 元和 800 元的三种。

Bāoxí yǒu sìbǎi yuán, liùbǎi yuán hé bābǎi yuán de sān zhǒng.

We have three standards of price: 400 yuan, 600 yuan, and 800 yuan.

B: 我要一桌 600 元的。

Wǒ yào yì zhuō liùbǎi yuán de.

I'd like the 600 yuan one.

句型 Sentence Pattern

(什么) + 有 + (几) + 种。

例句 1: 包席 有 三 种。

例句 2: 面包 有 五 种。

场景 94 没预订桌子,你坐哪儿 Where Do You Sit If You Do Not Have a Reservation

【你到一家饭馆吃饭,但是没有预订桌子。这时服务员走过来说:】

【You go to dine in a restaurant without making a reservation. The waiter comes to say:】

A: 晚上好, 您预订桌子了吗?

Wǎnshang hǎo, nín yùdìng zhuōzi le ma?

Good evening. Did you make a reservation?

B: 没有。

Méiyǒu.

No.

A: 您想坐哪儿?

Nín xiǎng zuò nǎr?

Which table would you like to sit at?

B: 靠窗户那张桌子,可以吗?

Kào chuānghu nà zhāng zhuōzi, kěyǐ ma?

Can I sit at the table next to the window?

A：对不起，那张有人预订了。里边那张可以吗？
Duìbuqǐ, nà zhāng yǒu rén yùdìng le. Lǐbian nà zhāng kěyǐ ma?
Sorry, that table has been reserved. How about the one inside?

B：那好吧。
Nà hǎo ba.
That's all right.

句型 Sentence Pattern

靠＋(哪儿)＋的＋(什么)

例句1：	靠	窗户	的	那张桌子
例句2：	靠	墙	的	椅子

场景95 点菜 Ordering

【服务员给你一本菜单，让你点菜：】
【The waiter passes you the menu, and you begin to order:】

A：先生，请您点菜。
Xiānsheng, qǐng nín diǎn cài.
Please order dishes, sir.

B：我要一个拼盘，一个宫爆肉丁和鸡蛋汤。再要两碗米饭，三个馒头和一个炒饭。
Wǒ yào yí gè pīngpán, yí gè gōngbào ròudīng hé jīdàntāng. Zài yào liǎng wǎn mǐfàn, sān gè mántou hé yí gè chǎofàn.
I'd like to have one starter, a stir-fried cubed pork with fried peanuts, an egg drop soup, two bowls of rice, three steamed breads, and a fried rice.

常用短语及表达法 Useful Phrases and Expressions

服务员！能给我看看菜单吗？	Fúwùyuán! Néng gěi wǒ kànkan càidān ma?	Waitress! May I have the menu, please?

请给我们一个烟灰缸/一把刀子/一条餐巾/一把勺子,好吗?	Qǐng gěi wǒmen yí gè yānhuīgāng /yì bǎ dāozi /yì tiáo cānjīn /yì bǎ sháozi, hǎo ma?	Can we have an ashtray /a knife /a napkin /a spoon, please?
胡椒/盐/酱油/糖/醋/牙签	hújiāo /yán /jiàngyóu /táng /cù /yáqiān	pepper /salt /soy sauce /sugar /vinegar /toothpicks

句型　Sentence Pattern

要一个+(什么)。

例句 1:要一个　鸡蛋汤。
例句 2:要一个　炒饭。

场景 96　介绍几个好吃的中国菜

Introducing Some Delicious Chinese Dishes

In the menu of Chinese restaurants, you will often find such dishes as called "…chǎo…". Normally the material preceding "chǎo" is less than the one following it, for example, in the cuisine "eggs fried with tomatoes," eggs are less than tomatoes.

【你第一次到中国来,不知道点什么菜,你请服务员给你介绍:】
【This is your first time to China and you don't know what dishes to order. You are asking for the waiter's recommendation:】

A:小姐,你能介绍几个好吃的中国菜吗?
Xiǎojie, nǐ néng jièshào jǐ gè hǎo chī de Zhōngguócài ma?
Miss, could you recommend some delicious Chinese dishes?

B:当然可以。我们有宫爆鸡丁,京酱肉丝,松仁玉米,素炒生菜,酸辣汤。
Dāngrán kěyǐ. Wǒmen yǒu gōngbào jīdīng, jīngjiàng ròusī, sōngrén yùmǐ, sùchǎo shēngcài, suānlàtāng.

Of course. We have stir-fried spicy cubed chicken with peanuts, shredded meat fried with sweet sauce, peanuts fried with grains of corn, fried lettuce, sour and spicy soup.

A：好的，每种要一个，再要三碗米饭。

Hǎo de, měi zhǒng yào yí gè, zài yào sān wǎn mǐfàn.

OK, I'd like the above five ones, and three bowls of rice as well.

B：您稍等。

Nín shāo děng.

Please wait a minute.

常用短语及表达法 Useful Phrases and Expressions

你们这儿有地方风味的菜吗？	Nǐmen zhèr yǒu dìfāng fēngwèi de cài ma?	Do you have some local dishes here?
你能介绍些什么菜吗？	Nǐ néng jièshào xiē shénme cài ma?	What do you recommend?
你这儿有素菜吗？	Nǐ zhèr yǒu sùcài ma?	Do you have vegetarian dishes?
我想要一个鸡做的菜。	Wǒ xiǎng yào yí gè jī zuò de cài.	I'd like a chicken dish.

几道值得推荐的菜 Some Highly-Recommended Dishes

芙蓉蛋 fúróngdàn

Egg yolks mixed with monosodium glutamate and salt. Milk is added to the whites which are then beaten until stiff. The flesh of a crab is crumbled and added to the yolk mixture. This preparation is then fried and served sprinkled with coriander and accompanied by the egg whites which have also been fried.

清蒸鱼 qīngzhēngyú

Steamed black sea bream. Bream stuffed with onions and ginger, seasoned with sugar, vinegar and soy sauce, and garnished with sliced mushroom caps and bamboo shoots.

虾饺儿 xiājiǎor

Prawn pouches. Prawns sealed into tiny omelets and steamed, then doused with a soy and chicken-stock sauce.

古老肉 gǔlǎoròu

Sweet and sour pork. Chunks of pork are dipped into egg yolk and then deep fried. The pork is then mixed with pineapple, sweet pepper, carrots and spring onion, and dressed with a spicy sauce.

炒冬笋 chǎodōngsǔn

Stir-fried bamboo shoots. Sliced bamboo shoots fried in soy sauce with a little rice wine, stock and sugar.

烧茄子 shāoqiézi

Braised eggplants. Deep-fried sliced eggplant with spring onions and mushrooms in a sauce of ginger, garlic, soy sauce, rice wine and chili sauce — with a sprinkle of Sichuan pepper.

香酥鸡 xiāngsūjī

Crispy chicken. Simmered chicken halves, glazed and deep-fried.

句型 Sentence Pattern

	你能介绍 +	(什么) +	吗?
例句 1:	你能介绍	几个好吃的中国菜	吗?
例句 2:	你能介绍	北京	吗?

场景 97 点凉菜 Ordering Cold Dishes

A: 你们这儿有什么凉菜吗?

Nǐmen zhèr yǒu shénme liángcài ma?

What cold dishes do you serve?

B: 有酱牛肉,盐水鸭,酸辣泡菜,炸花生米和叉烧肉。

Yǒu jiàngniúròu, yánshuǐyā, suānlà pàocài, zhá huāshēngmǐ hé chāshāoròu.

We have beef seasoned with soy sauce, salted duck, sour and spicy pickles, fried peanuts and pork barbecue.

几道值得推荐的凉菜 Some Highly-Recommended Cold-Dishes

盐水虾	yánshuǐxiā	salted prawns
鸡珍肝	jīzhēngān	giblets* in soy sauce, boiled together with aniseed, soy sauce and cinnamon sticks
糟鸭片	zāoyāpiàn	duck slices in wine
陈皮牛肉	chénpí niúròu	beef with dried orange peel
干贝松翠丝	gānbèi sōngcuìsī	shredded scallop with spring onion

句型 Sentence Pattern

有什么+(怎么样的)+菜?

例句1: 有什么 凉 菜?

例句2: 有什么 炒 菜?

场景98 对菜的特别要求 Special Requirements for the Dishes

【你点了菜以后,告诉服务员:】

【After ordering, you tell the waiter:】

A: 请少放些盐和糖。别放辣椒,葱和姜。

Qǐng shǎo fàng xiē yán hé táng. Bié fàng làjiāo, cōng hé jiāng.

Please put less sugar and salt in the dishes. Don't put in hot pepper, onion, or ginger.

---

* The Chinese are very fond of giblets, which were formerly considered only a rich man's food.

B：好的，我去告诉厨师。

Hǎo de，wǒ qù gàosu chúshī.

OK, I'll tell the cook.

常用短语及表达法 Useful Phrases and Expressions

我必须遵守特别的食谱。	Wǒ bìxū zūnshǒu tèbié de shípǔ.	I am on a special diet.
我不能吃有脂肪/面粉/味精的食物。	Wǒ bù néng chī yǒu zhīfáng /miànfěn / wèijīng de shíwù.	I mustn't eat food containing fat /flour /MSG.
我不能吃辣的食物。	Wǒ bù néng chī là de shíwù.	I musn't eat spicy food.

句型 Sentence Pattern

请少放+(什么)，别放+(什么)。

例句1：请少放 盐和糖，别放 葱。

例句2：请少放 辣椒， 别放 姜。

场景99 喝茶 Drinking Tea

The Chinese drink tea all day long, which is now claimed to contain 300 chemical constituents, many of them of acknowledged medical value. In A.D. 730, in the Tang Dynasty, Lu Yu wrote a *Book of Tea* in which he described the cultivation of the shrub and how to prepare an infusion from its leaves. Tea was exported to Japan in the thirteenth century and was known in England by the seventeenth. Today there are 250 varieties of tea. Chinese tea, unlike the English tea, is taken without sugar or milk. Among the varieties available are black tea, fragrant green tea scented with jasmine or chrysanthemum, or blends of flowers and fermented oolong tea.

Every national minority has its own special way of making tea. The

Tibetans, for instance, boil it in a pot with salt and drink it with yak's milk on such special occasions as a visit by a long-absent friend. Mongolian herdsmen of the northern steppes and deserts boil tea leaves together with cow's or goat's milk and add salt. The Moslem Huis welcome their guests with hot tea with brown sugar and dates to bring good luck.

When the Chinese go to restaurants, they often order a pot of tea to drink while waiting for the dishes.

【在饭馆里,你点完菜后,服务员问你:】

【After you order the dishes, the waiter will ask you:】

A: 先生,您喝什么茶?

Xiānsheng, nín hē shénme chá?

What kind of tea would you like to drink, sir?

B: 我想要一壶菊花茶 /绿茶 /花茶 /乌龙茶。

Wǒ xiǎng yào yì hú júhuāchá /lǜchá /huāchá /wūlóngchá.

I'd like a pot of chrysanthemum tea /green tea /jasmine tea /oolong tea, please.

句型 Sentence Pattern

(谁) + 喝 + (什么) + 茶。

例句 1:	您	喝	花	茶。
例句 2:	我	喝	绿	茶。

场景 100 要餐具 Asking for Tableware

A: 服务员,能给我一个勺子 /一双筷子 /一个杯子吗?

Fúwùyuán, néng gěi wǒ yí gè sháozi /yì shuāng kuàizi /yí gè bēizi ma?

Waitress, could you give me a spoon /a pair of chopsticks /a glass?

B: 好的,马上就来。

Hǎo de, mǎshàng jiù lái.

OK, in a minute.

A: 再给茶壶加一些热水，好吗？

Zài gěi cháhú jiā yìxiē rèshuǐ, hǎo ma?

Could you add some hot water in the tea pot?

B: 好。

Hǎo.

OK.

常用短语及表达法 Useful Phrases and Expressions

我少一套餐具 /一个盘子。	Wǒ shǎo yí tào cānjù /yí gè pánzi.	There is one set of tableware /a plate missing.
我没有刀子 /叉子。	Wǒ méiyǒu dāozi /chāzi.	I have no knife /fork.
能再给我一些餐巾纸 /一个小碗吗？	Néng zài gěi wǒ yìxiē cānjīnzhǐ /yí gè xiǎo wǎn ma?	Could you give me some napkins /a small bowl?

句型 Sentence Pattern

再给＋(什么)＋加一些＋(什么)。

例句1: 再给　茶壶　加一些　热水。

例句2: 再给　菜　加一些　盐。

场景 101 做菜太慢

You Have Been Waiting for a Long Time

【你要的菜很长时间没有做好，你叫来服务员：】

【You have been waiting for too long, but the dish you ordered has not been ready, you ask the waiter:】

A: 我们要的青椒鸡丁为什么还没有做好？能不能快一点儿？

Wǒmen yào de qīngjiāo jīdīng wèishénme hái méiyǒu zuòhǎo? Néng bu néng kuài yìdiǎnr?

Why has the chicken with sweet pepper we ordered not been ready yet? Can you hurry up?

B: 我去看一看。

Wǒ qù kàn yí kàn.

Let me go check.

【过了一会儿:】

【After a while:】

B: 对不起,您要的那个菜还没有做。今天吃饭的人太多了。

Duìbuqǐ, nín yào de nàge cài hái méiyǒu zuò. Jīntiān chī fàn de rén tài duō le.

Sorry, the dish you ordered hasn't been cooked. There're too many guests today.

A: 那我们不要了。

Nà wǒmen bú yào le.

In that case, we want to cancel it.

B: 实在对不起。

Shízài duìbuqǐ.

Really sorry.

A: 没关系。

Méi guānxi.

It doesn't matter.

常用短语及表达法 Useful Phrases and Expressions

做什么需要这么长的时间?	Zuò shénme xūyào zhème cháng de shíjiān?	What's taking so long?
你忘了我们要的饮料吧?	Nǐ wàngle wǒmen yào de yǐnliào ba?	Have you forgotten our drink?

句型 Sentence Pattern

(什么)+为什么还没有做好?

例句 1: 那个菜　为什么还没有做好?

例句 2: 衣服　为什么还没有做好?

场景 102　菜不好，换一个

Changing the Dish Because It Tastes Badly

【有一个菜的味道不好，你找服务员：】

【There is one dish that tastes badly, so you call the waitress:】

A：服务员，我觉得这个菜太咸/油腻/辣/甜/没放盐/坏了。

Fúwùyuán, wǒ juéde zhège cài tài xián/yóunì/là/tián/méi fàng yán/huài le.

Waitress, I'm afraid this dish is too salty/greazy/spicy/sweet/has no salt/has gone bad.

B：真对不起，我们给您换一个好吗？

Zhēn duìbuqǐ, wǒmen gěi nín huàn yí gè hǎo ma?

We are awfully sorry about that. Can we bring you another one?

A：我不想要这个菜了，可以吗？

Wǒ bù xiǎng yào zhège cài le, kěyǐ ma?

I don't want this dish. Can you cross it out from my bill?

B：可以。

Kěyǐ.

Yes.

常用短语及表达法　Useful Phrases and Expressions

这肉没熟/火太过了。	Zhè ròu méi shú/huǒ tài guò le.	This meat is underdone/overcooked.
这个菜是凉的。	Zhège cài shì liáng de.	This dish is cold.
我觉得这个菜不新鲜了。	Wǒ juéde zhège cài bù xīnxian le.	I don't think this dish is fresh.
这个菜的味道不对。	Zhège cài de wèidào bú duì.	There is something wrong with this dish.
请叫你们的经理来。	Qǐng jiào nǐmen de jīnglǐ lái.	Please ask your manager to come over.

句型　Sentence Pattern

我不想要 +（什么）　+ 了。

例句 1：我不想要　这个菜　　了。

例句 2：我不想要　这件衣服　了。

场景 103　这个菜不是我的　This Dish Is Not Mine

【服务员给了你一个不是你点的菜：】

【The waiter served you with a dish that you did not order:】

A：先生，这是您的菜。
Xiānsheng, zhè shì nín de cài.
Sir, this is your dish.

B：对不起，这是什么菜？
Duìbuqǐ, zhè shì shénme cài?
Excuse me, what's this dish called?

A：软炸里脊。
Ruǎnzhá lǐji.
Fried pork.

B：我没要这个菜。我要的是腰果鸡丁。一定是搞错了。
Wǒ méi yào zhège cài. Wǒ yào de shì yāoguǒ jīdīng. Yídìng shì gǎocuò le.
That's not what I ordered. I ordered cashewnuts with chicken. There must be some mistakes.

A：是吗？我看一下。哎呀！我记错了。对不起，我这就给您去换。
Shì ma? Wǒ kàn yíxià. Āi ya! Wǒ jìcuò le. Duìbuqǐ, wǒ zhè jiù gěi nín qù huàn.
Really? Let me have a look. Oh, my god! I remember wrongly. Sorry, I will change it for you right now.

B：没关系。
Méi guānxi.
That's OK.

句型　Sentence Pattern

(谁)+没要+(什么)。

例句 1：我　　没要　这个菜。

例句 2：他　　没要　那个汤。

场景 104　加几个菜　Adding a Few More Dishes

【饭吃了一半的时候，菜不够了，你想加几个菜：】

【In the middle of the meal, you find the dishes are not enough, and you are ordering a few more dishes:】

A：小姐，我们的菜不够了，我想加几个菜。

Xiǎojie, wǒmen de cài bú gòu le, wǒ xiǎng jiā jǐ gè cài.

Waitress, our dishes are not enough. I'd like to add several dishes.

B：好的，您想要什么菜？

Hǎo de, nín xiǎng yào shénme cài?

OK. What dishes would you like to order?

A：我要一个炒鸡蛋和一个炒虾仁。

Wǒ yào yí gè chǎojīdàn hé yí gè chǎoxiārén.

I'd like scrambled eggs and fried shrimps.

B：好的，菜马上就来。

Hǎo de, cài mǎshàng jiù lái.

OK, the dishes will be ready in a minute.

句型　Sentence Pattern

(什么)　　+不够了，我想加+(什么)。

例句 1：我们的菜　　不够了，我想加　几个菜。

例句 2：房间的杯子　不够了，我想加　两个杯子。

场景 105　结帐　Paying the Bill

☞ Remember even if you enjoyed your meal very much, you should not attempt to press a tip on the waiter, because this custom has not been widely accepted in China. If you are very satisfied with your meal, you can invite the cook over for a drink or take a picture with him.

A: 小姐,我结帐。
Xiǎojie, wǒ jié zhàng.
Waitress, I'd like to pay the bill.

B: 来了。
Láile.
I'm coming.

常用短语及表达法　Useful Phrases and Expressions

买单 /算帐 /算钱	mǎi dān /suàn zhàng /suàn qián	pay the bill
我们想各付各的。	Wǒmen xiǎng gè fù gè de.	We'd like to pay separately.
请给我帐单。	Qǐng gěi wǒ zhàngdān.	May I have the bill, please?
我能用信用卡付帐吗?	Wǒ néng yòng xìnyòngkǎ fù zhàng ma?	Can I pay with credit card?
这顿饭吃得很好,谢谢。	Zhè dùn fàn chī de hěn hǎo, xièxie.	We enjoyed this meal very much, thank you.

场景 106　饭钱算错了　Making Out a Wrong Bill

【结帐的时候,你觉得饭馆的帐单算错了:】
【When paying the bill, you feel that the restaurant made out a wrong bill:】

A: 先生,这是您的帐单,一共是 660 块,请您看一下。

Xiānsheng, zhè shì nín de zhàngdān, yígòng shì liùbǎi liùshí kuài, qǐng nín kàn yíxià.

Sir, this is your bill, it is 660 yuan. Please check it.

B: 这个帐单好象有错吧。我算的应该是 600 块。

Zhège zhàngdān hǎoxiàng yǒu cuò ba. Wǒ suàn de yīnggāi shì liùbǎi kuài.

I think there's a mistake in the bill. What I calculate is 600 yuan.

A: 先生,我们还要加收 10%的服务费。

Xiānsheng, wǒmen hái yào jiā shōu bǎi fēn zhī shí de fúwùfèi.

Sir, we charge a 10 percent service fee.

B: 哦,那就对了。

O, nà jiù duì le.

Oh, that makes it correct.

句型: Sentence Pattern

一共是+(多少钱)。

例句 1: 一共是 660 块。

例句 2: 一共是 1000 块。

第十章　理发

Chapter Ten　Having a Haircut

场景 107　找一个合适的发型

Looking for a Suitable Hair Style

【在理发馆里，有一些发型的照片和书，你找了一个你喜欢的样子，告诉理发师：】

【There are some pictures and books of hair styles at the barbershop. You choose your favorite style and tell the barber:】

A: 我想剪头。

Wǒ xiǎng jiǎntóu.

I'd like a haircut.

B: 您想理什么样的头?

Nín xiǎng lǐ shénmeyàng de tóu?

Which style would you like?

【你用手指着一张照片:】

【Pointing at a picture:】

A: 我想照这个样子理。

Wǒ xiǎng zhào zhège yàngzi lǐ.

I like this style.

B: 我知道了。您先洗头吧。您用什么洗发水?

Wǒ zhīdao le. Nín xiān xǐ tóu ba. Nín yòng shénme xǐfàshuǐ?

I see. We will have your hair washed first. What kind of shampoo would you like to use?

A: 我想用适用于干性发质/油性发质/普通发质的洗发水。

Wǒ xiǎng yòng shìyòng yú gānxìng fàzhì /yóuxìng fàzhì /pǔtōng fàzhì de xǐfàshuǐ.

I'd like a shampoo for dry hair /oily hair /ordinary hair.

句型 Sentence Pattern

您想+(做)+什么样子的+(什么)?

例句1: 您想　理　什么样子的　头?

例句2: 您想　买　什么样子的　毛衣?

场景108 男人理发

A Man Goes to a Barbershop

【一位男士走进一家理发店,理发师问他:】

【A gentleman walks into a barbershop, the barber asks him:】

A: 先生,您想怎么理?

Xiānsheng, nín xiǎng zěnme lǐ?

Sir, how would you like to have your hair cut?

B: 我想剪短一些,请您用剪刀剪,不要用推子推。

Wǒ xiǎng jiǎn duǎn yìxiē, qǐng nín yòng jiǎndāo jiǎn, búyào yòng tuīzi tuī.

I'd like to have it cut short. Please cut with scissors, not hair-clippers.

A: 鬓角怎么剪?

Bìnjiǎo zěnme jiǎn?

How about your hair on the temples?

B: 剪短一点儿,不要太长。

Jiǎn duǎn yìdiǎnr, búyào tài cháng.

Cut it short. Don't leave it too long.

A: 后边怎么剪?

Hòubian zěnme jiǎn?

What about the back?

B: 理长一些,不要太短。

Lǐ cháng yìxiē, búyào tài duǎn.

Don't cut too short.

A: 刮胡子吗?

Guā húzi ma?

Do you want a shave?

B: 刮。

Guā.

Yes, please.

句型 Sentence Pattern

你想怎么+(做什么)?

例句1: 你想怎么 理?

例句2: 你想怎么 吃?

场景 109　问男人理发的价钱

How Much Does It Cost to Have a Man's Hair Cut

A：请问，我理一个发需要多少钱？

Qǐng wèn, wǒ lǐ yí gè fà xūyào duōshao qián?

Excuse me, how much does it cost to have my hair cut?

B：如果您只剪头发，10 块钱；剪和洗，20 块；洗，剪，吹一共 2 5 块钱。您想怎么理？

Rúguǒ nín zhǐ jiǎn tóufa, shí kuài qián; jiǎn hé xǐ, èrshí kuài; xǐ, jiǎn, chuī yígòng èrshíwǔ kuài qián. Nín xiǎng zěnme lǐ?

If you just cut the hair, it is 10 yuan; cut and wash the hair, 20 yuan; cut, wash, and dry the hair, 25 yuan. Which way do you like?

A：我只剪头发。

Wǒ zhǐ jiǎn tóufa.

I only want to have my hair cut.

句型　Sentence Pattern

（谁）+只+（做什么）。

例句 1：我　只　剪头发。
例句 2：他　只　洗头发。

场景 110　女人剪发

A Woman Wants to Have Her Hair Cut

【一位女士走进理发店，理发师问她：】
【A female walks into a barbershop and the barber asks her:】

A：小姐，您是剪头发还是做头发？

Xiǎojie, nín shì jiǎn tóufa háishi zuò tóufa?

Miss, do you want to have your hair cut or styled?

B: 我剪发。

Wǒ jiǎn fà.

I'd like to have my hair cut.

A: 请问您是剪长发还是剪短发?

Qǐng wèn nín shì jiǎn chángfà háishi jiǎn duǎnfà?

Do you want to leave it longer or cut it shorter?

【她用手指着头发的一个地方:】

【Pointing to indicate her preferred length of hair:】

B: 剪到这儿。

Jiǎndào zhèr.

Cut to here.

A: 好的,请坐吧。

Hǎo de, qǐng zuò ba.

OK, sit down, please.

句型　Sentence Pattern

你是+(做什么)+还是+(做什么)?

例句 1: 你是　剪头发　还是　做头发?

例句 2: 你是　吃米饭　还是　吃面条?

场景 111　女人做头发

A Woman Wants to Have a Perm

A: 小姐,您是剪发还是烫发?

Xiǎojie, nín shì jiǎn fà háishi tàng fà?

Would you like to have your hair cut or permed?

B: 我烫发。

Wǒ tàng fà.

Permed.

A: 请问您是要电烫还是冷烫?

Qǐng wèn nín shì yào diàntàng háishi lěngtàng?

Permanent wave or cold wave?

B：冷烫。

Lěngtàng.

Cold wave, please.

A：是用中国的药水还是用美国的药水？

Shì yòng Zhōngguó de yàoshuǐ háishi yòng Měiguó de yàoshuǐ?

Whould you prefer the Chinese or American products?

B：中国的。

Zhōngguó de.

The Chinese, please.

A：用大，中，小，哪种发卷？

Yòng dà, zhōng, xiǎo, nǎ zhǒng fàjuǎn?

Which size of the hair curler would you prefer, large, medium, or small?

B：大号的。

Dà hào de.

The large ones, please.

句型　Sentence Pattern

	是+(什么)	+还是+(什么)？	
例句1：是	剪发	还是	烫发？
例句2：是	用中国的药水	还是	用美国的药水？

场景112　染发　Having Your Hair Dyed

A：我要染头发，大概需要多长时间？

Wǒ yào rǎn tóufa, dàgài xūyào duō cháng shíjiān?

I'd like to have my hair dyed. How long will it take?

B：大概两个小时。您想染什么颜色？

Dàgài liǎng gè xiǎoshí. Nín xiǎng rǎn shénme yánsè?

About two hours. What colour would you like?

A：黑色。/棕色。/浅棕色。/绿色。/红色。
Hēisè. /Zōngsè. /Qiǎnzōngsè. /Lǜsè. /Hóngsè.
Black /Brown /Light brown /Green /Red please.

句型 Sentence Pattern

大概＋(多长时间)。

例句1：大概 两个小时。
例句2：大概 一个半小时。

场景113 涂指甲油 Applying the Nail Polish

A：你们这儿染指甲油吗？
Nǐmen zhèr rǎn zhǐjiayóu ma?
Do you have the service to apply nail polish here?

B：染。您想染手指甲还是染脚指甲？
Rǎn. Nín xiǎng rǎn shǒuzhǐjia háishi rǎn jiǎozhǐjia?
Yes. Do you want to apply it on the fingers or the toes?

A：都染。
Dōu rǎn.
Both.

B：这里有很多指甲油，请您选一种颜色。
Zhèli yǒu hěn duō zhǐjiayóu, qǐng nín xuǎn yì zhǒng yánsè.
There're many choices of polish. Would you please choose a color?

A：染手指甲用这个，染脚指甲用那个。
Rǎn shǒuzhǐjia yòng zhège, rǎn jiǎozhǐjia yòng nàge.
This one for fingers, and that one for toes.

句型 Sentence Pattern

请＋(谁)＋选一种＋(什么)。

例句1：请 您 选一种 颜色。
例句2：请 他 选一种 样子。

场景 114　按摩　Having a Massage

☞ At Chinese barbershop, massage is often offered, which includes: scalp massage, general massage, and foot massage.

【一位男顾客在理发店洗头,服务员问他:】
【A male customer is having his hair washed in a barbershop, the attendant is asking him:】

A: 先生,您的头洗完了。您需要按摩吗?
Xiānsheng, nín de tóu xǐwán le. Nín xūyào ànmó ma?
Sir, your hair has been washed. Would you like a massage?

B: 全身按摩需要多少钱?
Quánshēn ànmó xūyào duōshao qián?
How much does it cost to do a general massage?

A: 一个小时 80 块。
Yí gè xiǎoshí bāshí kuài.
80 yuan per hour.

B: 足部按摩呢?
Zúbù ànmó ne?
What about the foot massage?

A: 对不起,我们没有足部按摩。
Duìbuqǐ, wǒmen méiyǒu zúbù ànmó.
Sorry, we don't offer foot massage.

B: 我要半个小时全身按摩,请特别给我按摩一下头部和脖子。
Wǒ yào bàn gè xiǎoshí quánshēn ànmó, qǐng tèbié gěi wǒ ànmó yíxià tóubù hé bózi.
I'd like a general massage for half an hour, especially a head and neck massage.

句型　Sentence Pattern

我要 + (多长时间) + 的 + (什么服务)。

例句 1: 我要　半个小时　的　全身按摩。
例句 2: 我要　一个小时　的　桑拿。

第十一章　买东西

Chapter Eleven　Shopping

☞ Nowadays shopping in China has become a pleasure, because there are more and more big, well-decorated department stores in which you can get almost everything you need. In many of these big department stores there are lots of imported merchandise from foreign countries, making you feel at home. If you want to spend less money on goods with similar quality, go into the small stores where the cheap prices will often surprise you.

场景 115　去何处购物

What Kind of Store Should I Go to

【这是你第一次来中国生活，你向你楼层的管理员询问在中国的购物情况：】

【This is your first time to China, you are asking an attendant in your building where to shop:】

A：如果我想买电视机，冰箱，录像机，电话机，化妆品和药品，我应该去哪儿？

Rúguǒ wǒ xiǎng mǎi diànshìjī, bīngxiāng, lùxiàngjī, diànhuàjī, huàzhuāngpǐn hé yàopǐn, wǒ yīnggāi qù nǎr?

If I want to buy a TV set, a fridge, a video recorder, a telephone, cosmetics, and some medicine, where should I go?

B：你应该去大的商场，因为大商场的服务很好，如果你买的东西有问题，他们可以包换或退货。

Nǐ yīnggāi qù dà de shāngchǎng, yīnwèi dà shāngchǎng de fúwù hěn hǎo, rúguǒ nǐ mǎi de dōngxi yǒu wèntí, tāmen kěyǐ bāo huàn huò tuì huò.

You should go to the big department stores, because they offer good services. If there's something wrong with the goods you buy, you can change or return it there.

A：如果我想买肥皂，毛巾，糖，肉，盐等日用品，我应该去哪儿？

Rúguǒ wǒ xiǎng mǎi féizào, máojīn, táng, ròu, yán děng rìyòngpǐn, wǒ yīnggāi qù nǎr?

If I want to buy soap, towel, sugar, meat, salt, and other commodities, where should I go?

B：你可以去小商店，那儿的东西价格比较便宜。

Nǐ kěyǐ qù xiǎo shāngdiàn, nàr de dōngxi jiàgé bǐjiào piányi.

You can go to small stores where they offer much cheaper prices.

A：我想买菜和水果呢？

Wǒ xiǎng mǎi cài hé shuǐguǒ ne?

How about vegetables and fruits?

B：那么你应该去自由市场，那里的蔬菜和水果很新鲜。

Nàme nǐ yīnggāi qù zìyóu shìchǎng, nàli de shūcài hé shuǐguǒ hěn xīnxian.

Then you'd better go to the farmers' market. The vegetables and fruits there are very fresh.

常用短语及表达法　Useful Phrases and Expressions

哪儿有好的……?	Nǎr yǒu hǎo de ……?	Where's there a good…?
离这儿最近的……在哪儿?	Lí zhèr zuì jìn de …… zài nǎr?	Where is the nearest…?
哪儿有……?	Nǎr yǒu……?	Where can I find…?
主要商业区在哪儿?	Zhǔyào shāngyèqū zài nǎr?	Where is the main shopping area?
我怎么去那儿?	Wǒ zěnme qù nàr?	How do I get there?

句型　Sentence Pattern

(哪儿)+的服务很好。

例句1: 大商场　的服务很好。

例句2: 这儿　　的服务很好。

场景116　哪儿卖______?

Where Can I Get ______?

【在商场里,你想买小孩儿的衣服,可是不知道是哪个柜台,你问一个售货员:】

【In a department store, you want to buy some children's clothes, but you can not find the counter so you ask a shop assistant:】

A: 麻烦您,请问哪儿卖小孩儿的衣服?

Máfan nín, qǐng wèn nǎr mài xiǎoháir de yīfu?

Excuse me, where do they sell children's clothes?

B：在一楼东边 /二楼西边 /三楼南边 /四楼北边 /地下一层左边。

Zài yī lóu dōngbian /èr lóu xībian /sān lóu nánbian /sì lóu běibian /dìxià yī céng zuǒbian.

On the eastern side of the first floor /the western side of the second floor /the southern side of the third floor /the northern side of the fourth floor /the left side of the first floor underground.

句型　Sentence Pattern

哪儿卖+(什么)?

例句1：哪儿卖　小孩儿的衣服?

例句2：哪儿卖　鞋?

场景117　买外衣　Buying a Jacket

【在商场里，你看中了一件外衣，你问服务员：】

【In a department store you pick a jacket and ask the shop assistant：】

A：小姐，这种外衣是一件还是一套?

Xiǎojie，zhè zhǒng wàiyī shì yí jiàn háishi yí tào?

Miss，is this jacket a single one，or one of a suit?

B：是一套。

Shì yí tào.

It's a suit.

A：一套两件，上衣和裤子?

Yí tào liǎng jiàn，shàngyī hé kùzi?

Is it a suit of two including a jacket and a pair of trousers?

B：不，一套四件，上衣，裤子，裙子和马甲。

Bù，yí tào sì jiàn，shàngyī，kùzi，qúnzi hé mǎjiǎ.

No. It's a suit of four：a jacket，a pair of trousers，a skirt，and a waistcoat.

A：是纯毛的吗?

Shì chúnmáo de ma?

Are they made of wool?

B: 是的。

Shì de.

Yes.

A: 我买一套。

Wǒ mǎi yí tào.

I'll take one.

B: 谁穿?

Shuí chuān?

Who will wear it?

A: 我穿。

Wǒ chuān.

It's me.

B: 请您试试这件。

Qǐng nín shìshi zhè jiàn.

Please try on this one.

常用短语及表达法 Useful Phrases and Expressions

我想要……	Wǒ xiǎng yào ……	I'd like. . . .
我想要给女孩儿穿的衣服。	Wǒ xiǎng yào gěi nǚháir chuān de yīfu.	I want something for a girl.
你能再给我看一个吗?	Nǐ néng zài gěi wǒ kàn yí gè ma?	Could you show me another one?
我要一件象这个样子的。	Wǒ yào yí jiàn xiàng zhège yàngzi de.	I want something like this.
我想要……颜色的。	Wǒ xiǎng yào …… yánsè de.	I want something in . . . .
浅咖啡色	qiǎn kāfēisè	beige
黑色	hēisè	black

褐色	hèsè	brown
浅黄褐色	qiǎn huánghèsè	fawn
紫色	zǐsè	purple
黄色	huángsè	yellow
金黄色	jīnhuángsè	golden
绿色	lǜsè	green
鲜红色	xiānhóngsè	scarlet
青绿色	qīnglǜsè	turquoise
紫红色	zǐhóngsè	mauve
银灰色	yínhuīsè	silver
蓝色	lánsè	blue
我不喜欢这个颜色。	Wǒ bù xǐhuan zhège yánsè.	I don't like the colour.
这料子褪色吗?	Zhè liàozi tuì sè ma?	Is it colour-fast?

句型　Sentence Pattern

(什么)+是一件还是一套?

例句1:外衣　　是一件还是一套?
例句2:那书　　是一本还是一套?

场景118　买衬衫　Buying a Shirt

☞ Clothing sizes in China are still being standardized and do not correspond to those in the West. Now the prevailing measure system in China for women's shirts is: S, M, L, which means small, medium and large respectively while that for men's shirts often refers to the neck circumference, for example, if a man's neck circumference is 41 cm, he should buy the size 41 shirt. Trousers will be sized according to height and waistline.

A: 小姐,请给我拿一件这样的衬衫。

Xiǎojie, qǐng gěi wǒ ná yí jiàn zhèyàng de chènshān.

Miss, can I have a look at that shirt?

B: 您要多大号的?

Nín yào duō dà hào de?

What size do you want?

A: 中号的。有白色的吗?

Zhōnghào de. Yǒu báisè de ma?

Medium, please. Is there a white one?

B: 有。

Yǒu.

Yes.

A: 我可以试试吗?

Wǒ kěyǐ shìshi ma?

Can I try it on?

B: 可以。

Kěyǐ.

Yes.

A: 试衣室在哪儿?

Shìyīshì zài nǎr?

Where is the changing room?

B: 在我们的右边。

Zài wǒmen de yòubian.

It's on our right.

……

A: 这件太肥 /紧 /短 /长,能给我换一件吗?

Zhè jiàn tài féi /jǐn /duǎn /cháng, néng gěi wǒ huàn yí jiàn ma?

This one is too loose /tight /short /long, can I try another one?

常用短语及表达法 Useful Phrases and Expressions

这是抗皱 /纯棉 /真丝 /人造纤维 /手工制 /进口的吗?	Zhè shì kàngzhòu /chúnmián /zhēnsī /rénzào xiānwéi /shǒugōngzhì /jìnkǒu de ma?	Is it crease resistant /pure cotton /silk /synthetic /hand-made /imported?

这料子缩水吗?	Zhè liàozi suōshuǐ ma?	Will this material shrink?
你这儿有质量好些的吗?	Nǐ zhèr yǒu zhìliàng hǎo xiē de ma?	Do you have any better quality?
我想要厚些/薄些的料子。	Wǒ xiǎng yào hòuxiē /báo xiē de liàozi.	I'd like something thicker /thinner.
我不知道中国的尺寸。	Wǒ bù zhīdào Zhōngguó de chǐcùn.	I don't know the Chinese sizes.

句型　Sentence Pattern

(什么)+有+(多少)+号的吗?

例句1:	女衬衫	有	M	号的吗?
例句2:	这种鞋	有	L	号的吗?

场景119　买内衣　Buying Underwear

A: 小姐,请问这种乳罩有我穿的号码吗?

Xiǎojie, qǐng wèn zhè zhǒng rǔzhào yǒu wǒ chuān de hàomǎ ma?

Miss, I like this kind of bra. Do you have the size for me?

B: 您穿M号的比较合适。

Nín chuān M hào de bǐjiào héshì.

Medium size shall fit you.

A: 我能不能试试?

Wǒ néng bu néng shìshi?

Can I try it on?

B: 对不起,内衣不能试。

Duìbuqǐ, nèiyī bù néng shì.

Sorry, you are not allowed to try on the underwear on.

常用短语及表达法　Useful Phrases and Expressions

给我看看那个可以吗？	Gěi wǒ kànkan nàge kěyǐ ma?	Could you show me that one?
这种式样有真丝的吗？	Zhè zhǒng shìyàng yǒu zhēnsī de ma?	Do you have silk in this style?
我想要和这个颜色相配的。	Wǒ xiǎng yào hé zhège yánsè xiāngpèi de.	I want something to match this colour.
我不喜欢这种样子。	Wǒ bù xǐhuan zhè zhǒng yàngzi.	I don't like this style.
这件太大了，能给我换个小点儿的吗？	Zhè jiàn tài dà le, néng gěi wǒ huàn gè xiǎo diǎnr de ma?	This one is too big, could you get me a smallerone?
内裤	nèikù	panties
背心	bèixīn	vest
吊袜带	diàowàdài	garter
连裤袜	liánkùwà	panty hose

句型　Sentence Pattern

（谁）+穿+（哪个）+号的比较合适。

例句 1：您　穿　M　号的比较合适。
例句 2：他　穿　XL　号的比较合适。

场景 120　买鞋　Buying Shoes

【你的脚长是 27 厘米，你想买一双鞋：】
【Your foot is 27 cm long and you want to buy a pair of shoes:】

A：您想买点儿什么？
Nín xiǎng mǎi diǎnr shénme?
What can I do for you?

B：我想买一双那种样子的皮鞋，黑色的。
Wǒ xiǎng mǎi yì shuāng nà zhǒng yàngzi de píxié, hēisè de.

I'd like a pair of that kind of leather shoes, the black ones.

A: 您要多大号的？

Nín yào duō dà hào de?

What size?

B: 27 号或 27 号半的。

Èrshíqī hào huò èrshíqī hào bàn de.

Size 27 or 27 and a half.

【售货员给你拿了一双鞋。你试了试说：】

【The seller gets you a pair of shoes. You try them on and say:】

B: 这双太紧 /肥 /大 /小了，你们有大些 /小些的吗？

Zhè shuāng tài jǐn /féi /dà /xiǎo le, nǐmen yǒu dà xiē /xiǎo xiē de ma?

This pair is too narrow /wide /big /small, do you have a larger / smaller size?

A: 您试试这双吧。

Nín shìshi zhè shuāng ba.

Please try this one.

B: 这双很合适。这是真皮子的吗？

Zhè shuāng hěn héshì. Zhè shì zhēnpízi de ma?

This pair fits very well. Is it genuine leather?

A: 您请放心，我们这儿卖的都是真皮皮鞋。

Nín qǐng fàngxīn, wǒmen zhèr mài de dōu shì zhēnpí píxié.

I can assure you that every shoe we sell is made of genuine leather.

常用短语及表达法　Useful Phrases and Expressions

我想买一双靴子 /布鞋 /凉鞋 /拖鞋 /运动鞋。	Wǒ xiǎng mǎi yì shuāng xuēzi / bùxié /liángxié / tuōxié /yùndòngxié.	I'd like a pair of boots /cloth shoes /sandals / slippers /sports shoes.
平底的 /带跟的	píngdǐ de /dàigēn de	flat /with heels
我想买一盒鞋油 /一双鞋带。	Wǒ xiǎng mǎi yì hé xiéyóu /yì shuāng xiédài.	I'd like some shoe polish /a pair of shoelaces.

你们这儿有这种式样的黑颜色的吗?	Nǐmen zhèr yǒu zhè zhǒng shìyàng de hēi yánsè de ma?	Do you have the same in black?

句型　Sentence Pattern

谁＋买一双＋(什么)＋鞋。

例句1: 我　买一双　皮　　鞋。
例句2: 他　买一双　布　　鞋。

场景121　买袜子　Buying Socks

☞ The sizes of socks in China are: 22－24cm, 24－26cm, 26－28cm.

A: 小姐,我想买双袜子,但我不知道我应该穿多大的?

Xiǎojie, wǒ xiǎng mǎi shuāng wàzi, dàn wǒ bù zhīdào wǒ yīnggāi chuān duō dà de?

Miss, I'd like to buy a pair of socks. Can you tell me what size socks should I wear?

B: 您穿多大的鞋?

Nín chuān duō dà de xié?

What is your shoes size?

A: 25号。

Èrshíwǔ hào.

Size 25.

B: 那么您应该穿24－26cm的袜子。

Nàme nín yīnggāi chuān èrshísì dào èrshíliù límǐ de wàzi.

Then you should wear size 24－26cm socks.

A: 你们这儿有什么质地的袜子?

Nǐmen zhèr yǒu shénme zhìdì de wàzi?

What texture of socks do you have?

B: 有纯棉的,尼龙的,布的,线的,丝的。

Yǒu chúnmián de, nílóng de, bù de, xiàn de, sī de.

We have pure cotton, nylon, cloth, thread, and silk.

A: 请给我拿一双纯棉的。

Qǐng gěi wǒ ná yì shuāng chúnmián de.

Give me a pair of pure cotton, please.

句型　Sentence Pattern

(谁) + 穿 + 多大的 + (什么)?

例句 1: 您　穿　多大的　鞋?

例句 2: 他　穿　多大的　衬衫?

场景 122　买手套　Buying Gloves

A: 小姐,请您把那双棉 /皮 /线手套给我看一看。

Xiǎojie, qǐng nín bǎ nà shuāng mián /pí /xiàn shǒutào gěi wǒ kàn yí kàn.

Miss, may I have a look at that pair of cotton-padded /leather / lined gloves?

B: 给您。

Gěi nín.

Here you are.

A: 这是男式的还是女式的?

Zhè shì nánshì de háishi nǚshì de?

Is this man's style or woman's style?

B: 男人女人都能戴这种手套。

Nánrén nǚrén dōu néng dài zhè zhǒng shǒutào.

Both men and women can wear this kind of gloves.

A: 我是给我丈夫买的。如果我买了回家发现他不喜欢,能不能退?

Wǒ shì gěi wǒ zhàngfu mǎi de. Rúguǒ wǒ mǎile huí jiā fāxiàn tā bù xǐhuan, néng bu néng tuì?

I am buying them for my husband. If I take them but find that he doesn't like them, can I return them to you?

B: 可以。

Kěyǐ.

Yes, you can.

句型 Sentence Pattern

（什么） +能不能退？

例句 1：这种手套 能不能退？

例句 2：这件衣服 能不能退？

场景 123 买帽子 Buying a Cap

A：小姐，我想买一顶那样的帽子。

Xiǎojie, wǒ xiǎng mǎi yì dǐng nàyàng de màozi.

Miss, I'd like to buy that cap.

B：您要多大头围的？

Nín yào duō dà tóuwéi de?

What is your head circumference?

A：58 厘米。

Wǔshíbā lími.

58 cm.

B：对不起，58 厘米的已经卖完了，您看这顶行吗？

Duìbuqǐ, wǔshíbā límǐ de yǐjīng màiwán le, nín kàn zhè dǐng xíng ma?

I'm sorry, but size 58 of this style has been sold out. How do you like this one?

A：算了，这顶我不太喜欢。谢谢你！

Suànle, zhè dǐng wǒ bú tài xǐhuan. Xièxie nǐ!

Well, I don't like this one that much. Thank you!

句型　Sentence Pattern

（什么）　+已经卖完了。

例句 1：这种帽子　已经卖完了。

例句 2：那种书　　已经卖完了。

场景 124　买文具　Buying Stationery

A：请问，这种铅笔盒怎么卖？

Qǐng wèn，zhè zhǒng qiānbǐhé zěnme mài?

Excuse me，how much is this pencil-box?

B：十块零三毛一个。

Shí kuài líng sān máo yí gè.

Ten yuan and thirty cents.

A：有圆珠笔芯和墨水吗？

Yǒu yuánzhūbǐxīn hé mòshuǐ ma?

Do you have refills and ink?

B：有。

Yǒu.

Yes，we do.

A：我要一个笔盒，一支自动铅笔，一支红圆珠笔芯和一瓶黑墨水。

Wǒ yào yí gè bǐhé，yì zhī zìdòng qiānbǐ，yì zhī hóng yuánzhūbǐxīn hé yì píng hēi mòshuǐ.

I want a pencil-box，a mechanical pencil，a red refill，and a bottle of black ink.

常用短语及表达法　Useful Phrases and Expressions

钢笔 /铅笔 /圆珠笔	gāngbǐ /qiānbǐ / yuánzhūbǐ	pen /pencil /ball-pen
本子	běnzi	note-book
夹子	jiāzi	folder

钉书机 /钉	dìngshūjī /	stapler /staple
书钉	dìngshūdīng	
胶水	jiāoshuǐ	glue
复写纸	fùxiězhǐ	carbon paper
图钉	túdīng	drawing pin
橡皮	xiàngpí	eraser
曲别针	qūbiézhēn	paper clip
尺子	chǐzi	ruler
转笔刀	zhuànbǐdāo	pencil sharpener
练习本	liànxíběn	exercise book
袖珍计算器	xiùzhēn jìsuànqì	pocket calculator

句型 Sentence Pattern

（什么） + 怎么卖？

例句 1：这种铅笔盒 怎么卖？

例句 2：那种笔 怎么卖？

场景 125 买化妆品 Buying Cosmetics

☞ China carries a rather wide range of Western goods, but it is worth taking a supply of them with you in case that there are certain things difficult to find. These things include shampoo, Western cosmetics, sanitary products, medicine and suntanning lotions.

A：同志*，请您给我拿一块香皂。

---

* 同志（tóngzhì）is still a form of address in China today, especially in northern cities like Beijing. Besides this, 师傅（shīfu), which means "master", is also another common form of addressing ordinary people such as workers, peasants, peddlers and so on. But in southern cities people never say 同志 but say 先生（xiāngsheng）or 小姐（xiǎojie).

Tóngzhì, qǐng nín gěi wǒ ná yí kuài xiāngzào.

Comrade, please give me a cake of perfumed soap.

B: 好的。您还要点儿什么?

Hǎo de. Nín hái yào diǎnr shénme?

OK. What else would you like?

A: 我还要一包面巾纸,一包刀片,一卷卫生纸和一把梳子。

Wǒ hái yào yì bāo miànjīnzhǐ, yì bāo dāopiàn, yì juǎn wèishēngzhǐ hé yì bǎ shūzi.

I'd like a pack of tissues, a pack of razor blades, a roll of toilet paper, and a comb.

B: 您要什么牌子的?

Nín yào shénme páizi de?

Which brand do you want?

A: 随便。

Suíbiàn.

Whatever.

常用短语及表达法 Useful Phrases and Expressions

洗衣皂	xǐyīzào	soap
洗衣粉	xǐyīfěn	washing powder
牙膏	yágāo	toothpaste
口红	kǒuhóng	lipstick
眼线笔	yǎnxiànbǐ	eyeliner
眉笔	méibǐ	eyebrow pencil
洗发水	xǐfàshuǐ	shampoo
摩丝	mósī	spray gel
发胶	fàjiāo	hair spray
洗面奶	xǐmiànnǎi	cleasning foam
护肤霜	hùfūshuāng	skin-protection cream
香水	xiāngshuǐ	perfume
指甲油	zhǐjiayóu	nail polish
睫毛膏	jiémáogāo	mascara
指甲油刷子	zhǐjiayóu shuāzi	nail brush
指甲刀	zhǐjiadāo	nail clippers

镊子	nièzi	tweezers
毛巾	máojīn	towel
牙刷	yáshuā	toothbrush
剃须刀	tìxūdāo	razor

句型 Sentence Pattern

请＋(谁)＋给＋(谁)＋拿＋(多少)＋(什么)。

例句1：请 您 给 我 拿 一块 香皂。
例句2：请 他 给 你 拿 一本 书。

场景126 买烟 Buying Cigarettes

A：你这儿有美国烟吗？
Nǐ zhèr yǒu Měiguó yān ma?
Do you have American cigarettes here?
B：有。
Yǒu.
Yes.
A：万宝路/骆驼/七星/多少钱一盒？
Wànbǎolù /Luòtuo /Qīxīng duōshao qián yì hé?
How much is a pack of Marlboro /Camel /Mild Seven?
B：买一盒10元，买一条70元。
Mǎi yì hé shí yuán, mǎi yì tiáo qīshí yuán.
10 yuan one pack, 70 yuan one carton.
A：我买一条。
Wǒ mǎi yì tiáo.
I'd like a carton, please.

常用短语及表达法 Useful Phrases and Expressions

请拿一包香烟。	Qǐng ná yì bāo xiāngyān.	A pack of cigarettes, please.

一包带过滤嘴的/柔和的/有劲的/加长的香烟	yì bāo dài guòlǜzuǐ de / róuhé de / yǒujìn de / jiā cháng de xiāngyān	a pack of filter-tipped /mild /strong /king-size cigarettes
一个打火机	yí gè dǎhuǒjī	a lighter
一盒火柴	yì hé huǒchái	a box of matches

句型 Sentence Pattern

(什么)+多少钱一盒?

例句 1: 万宝路　多少钱一盒?
例句 2: 七星　　多少钱一盒?

场景 127　买照相器材
Buying a Camera and a Film

Some international brands of cameras and films are now available in China and can be found in big department stores and many camera-specalized stores. But it is better to take a good supply of the film that you are used to with you. It is forbidden to take pictures in some places, so be careful. If you want to take a close-up photo of a Chinese person, ask permission first.

A: 你好,我想买一个傻瓜照相机。
Nǐ hǎo, wǒ xiǎng mǎi yí gè shǎguā zhàoxiàngjī.
Hello, I want to buy an easy to use camera (fool's camera).

B: 是这种吗?
Shì zhè zhǒng ma?
This kind?

A: 对。请问这种照相机用几号电池?
Duì. Qǐng wèn zhè zhǒng zhàoxiàngjī yòng jǐ hào diànchí?
Yes. Can you tell me what size battery it needs?

B: 五号。
Wǔ hào.

Size 5.

A: 需要几节?

Xūyào jǐ jié?

How many batteries should I use?

B: 一次要用两节。您要胶卷吗?

Yí cì yào yòng liǎng jié. Nín yào jiāojuǎn ma?

Two. Would you like some films?

A: 我要两个彩色胶卷,四节五号电池。

Wǒ yào liǎng gè cǎisè jiāojuǎn, sì jié wǔ hào diànchí.

I'd like two rolls of colour film and four size 5 batteries.

常用短语及表达法 Useful Phrases and Expressions

我想买一个自动的 /便宜的 /简单的照像机。	Wǒ xiǎng mǎi yí gè zìdòng de /piányi de /jiǎndān de zhàoxiàngjī.	I want a(n) automatic /inexpensive /simple camera.
我想要一卷适于这种照像机的胶卷。	Wǒ xiǎng yào yì juǎn shì yú zhè zhǒng zhàoxiàngjī de jiāojuǎn.	I'd like a film for this camera.
黑白的 /彩色的	hēibái de /cǎisè de	black and white /colour
二十四张 /三十六张的	èrshísì zhāng /sānshíliù zhāng de	24 /36 exposures
一片用于彩色 /黑白底片的滤色镜	yí piàn yòngyú cǎisè /hēibái dǐpiàn de lǜsèjìng	a filter for colour /black and white
你这儿能修理这个像机吗?	Nǐ zhèr néng xiūlǐ zhège xiàngjī ma?	Can you repair this camera?
快门	kuàimén	shutter
镜头	jìngtóu	lens
胶卷被卡住了。	Jiāojuǎn bèi kǎzhù le.	The film is stuck.

句型 Sentence Pattern

（什么） ＋用几号电池？

例句 1：这种照相机 用几号电池？

例句 2：收音机 用几号电池？

场景 128 买报刊杂志 Buying Newspapers and Magazines

☞ Those travelers with a reading knowledge of Chinese will have no problem finding a book to interest them in a bookshop. Works published in translation are on sale in Foreign Languages Bookshops found in the main cities. Now in the newsstand there are a variety of English newspapers and magazines.

A：请问，这种杂志多长时间一期？

Qǐng wèn, zhè zhǒng zázhì duō cháng shíjiān yì qī?

Excuse me, how often is this magazine published?

B：两个月／一个月／三个月。这是双月刊／月刊／季刊。

Liǎng gè yuè /Yí gè yuè /Sān gè yuè. Zhè shì shuāngyuèkān /yuè kān /jìkān.

Every two months /Every month /Every three months. This is a bimonthly magazine /a monthly magazine /a quarterly magazine.

A：我要一份《中国日报》，还要一份《中国电视报》。请问下星期的电视周报最早什么时候可以买到？

Wǒ yào yí fèn《Zhōngguó Rìbào》, hái yào yí fèn《Zhōngguó Diànshìbào》. Qǐng wèn xiàxīngqī de diànshì zhōubào zuì zǎo shénme shíhou kěyǐ mǎidào?

I want a China Daily, and a China TV Weekly. When will the next week's TV Weekly be sold?

B：这个星期三上午。

Zhège xīngqīsān shàngwǔ.

On this Wednesday morning.

常用短语及表达法 Useful Phrases and Expressions

报亭	bàotíng	newsstand
外文书店	Wàiwén Shūdiàn	Foreign Languages Bookshop
我在哪儿能买到英文报纸？	Wǒ zài nǎr néng mǎidào Yīngwén bàozhǐ?	Where can I buy an English-language newspaper?
旅游指南在哪儿卖？	Lǚyóu zhǐnán zài nǎr mài?	Where's the guidebook section?

我想买……	Wǒ xiǎng mǎi……	I want to buy...
有……的英译本吗?	Yǒu……de yīngyìběn ma?	Is there an English translation of...?

句型　Sentence Pattern

（什么）　+多长时间一期?

例句 1：这种杂志　多长时间一期?
例句 2：那种报纸　多长时间一期?

场景 129　买茶叶　Buying Tea

Although the metric system has been adopted in China, part of the population continues to use the weight measurement in which 1 斤（yì jīn）equals half a kilogram.

In China, the measurement system when buying tea is 两（liǎng). One *liang* equals 50 grams, and 10 *liang* equals one *jin*. The tea price in shops is often the price of one *jin*.

A：您好,您买什么茶?
Nín hǎo, nín mǎi shénme chá?
Hello! What kind of tea would you like?

B：我买二两 100 块钱一斤的花茶 /绿茶 /红茶 /乌龙茶。
Wǒ mǎi èr liǎng yìbǎi kuài qián yì jīn de huāchá /lǜchá /hóngchá / wūlóngchá.
I'd like two liang of jasmine tea /green tea /black tea /oolong tea which is 100 yuan a jin.

句型　Sentence Pattern

我买+(多少)+(多少钱)+一斤的+(什么)。

例句 1：我买　二两　一百块钱　一斤的　花茶。
例句 2：我买　半斤　五块钱　一斤的　桔子。

场景 130　买食品　Buying Food

A: 我要一斤牛肉 /猪肉 /羊肉。

Wǒ yào yì jīn niúròu /zhūròu /yángròu.

I want half kilogram of beef /pork /mutton.

B: 好的。您还要什么?

Hǎo de. Nín hái yào shénme?

OK. What else do you want?

A: 还要一块奶酪和一袋咸面包。

Hái yào yí kuài nǎilào hé yí dài xiánmiànbāo.

A piece of cheese and a bag of salted bread, please.

B: 一共 31 块 6 毛。

Yígòng sānshíyī kuài liù máo.

It's 31 yuan and 60 cents.

常见食品　A List of Common Food

猪肉 /羊肉 /牛肉馅	zhūròu /yángròu /niúròuxiàn	chopped pork /mutton /beef
鸡腿	jītuǐ	chicken legs
黄油	huángyóu	butter
火腿	huǒtuǐ	ham
咸 /白 /甜面包	xián /bái /tiánmiànbāo	salted /white /sweet bread
一瓶牛奶	yì píng niúnǎi	a bottle of milk
一包茶叶	yì bāo cháyè	a packet of tea
一瓶果酱	yì píng guǒjiàng	a jar of jam
一盒巧克力	yì hé qiǎokèlì	a box of chocolates

句型　Sentence Pattern

一共 + (多少钱)。

例句 1: 一共　31 块 6 毛。

例句 2: 一共　62 块 5 毛。

场景 131　买菜　Buying Vegetables

The following are a few phrases to help when you buy vegetables in a free market:

白菜怎么卖？	Báicài zěnme mài?	How much is the Chinese cabbage?
……多少钱一斤？	…… duōshao qián yì jīn?	How much is half kilogram of ... ?
葱头 /洋葱	cōngtóu /yángcōng	onion
西红柿	xīhóngshì	tomato
柿子椒	shìzijiāo	green pepper
土豆	tǔdòu	potato
洋白菜	yángbáicài	cabbage
鸡蛋	jīdàn	egg
葱	cōng	Chinese green onion
姜	jiāng	ginger
蒜	suàn	garlic
能便宜一点儿吗？	Néng piányi yìdiǎnr ma?	Can it be cheaper?
我能挑吗？	Wǒ néng tiāo ma?	May I help myself?

句型　Sentence Pattern

(什么)+怎么卖？

例句 1：白菜　　怎么卖？
例句 2：土豆　　怎么卖？

场景 132　买水果　Buying Fruits

【你在自由市场买水果：】
【You are buying fruits in a free market:】
A：请问你的草莓多少钱一斤？

Qǐng wèn nǐ de cǎoméi duōshao qián yì jīn?

Excuse me, how much is half kilogram of strawberries?

B: 三块。

Sān kuài.

Three yuan.

A: 可以尝吗?

Kěyǐ cháng ma?

Can I taste one?

B: 可以。

Kěyǐ.

Certainly.

A: 唔,味道不错。我买三斤。

Wu, wèidào búcuò. Wǒ mǎi sān jīn.

Yes, it tastes good. I'll take one and half kilograms.

B: 三斤 9 块。

Sān jīn jiǔ kuài.

It's nine yuan altogether.

常见水果　A List of Common Fruits

苹果	píngguǒ	apple
梨	lí	pear
桔子	júzi	orange
香蕉	xiāngjiāo	banana
荔枝	lìzhī	lychee
柠檬	níngméng	lemon
枣	zǎo	date
桃子	táozi	peach

句型　Sentence Pattern

(什么)+多少钱一斤?

例句 1: 草莓　多少钱一斤?

例句 2: 苹果　多少钱一斤?

场景 133　买饮料　Buying Drinks

A：我买可口可乐。

Wǒ mǎi kěkǒukělè.

I'd like a cocacola.

B：你要瓶装的还是听装的？

Nǐ yào píngzhuāng de háishi tīngzhuāng de?

A bottle or a can?

A：瓶装的。

Píngzhuāng de.

A bottle, please.

B：一块五一瓶。瓶子的押金是一块钱。你还瓶子的时候退给你。

Yí kuài wǔ yì píng. Píngzi de yājīn shì yí kuài qián. Nǐ huán píngzi de shíhou tuìgěi nǐ.

One bottle is one yuan and fifty cents. Please pay one more yuan as the bottle deposit which will be returned to you when you give me back the bottle.

句型　Sentence Pattern

交＋（多少钱）＋（什么）＋的押金。

例句 1：交　一块钱　瓶子　的押金。

例句 2：交　二百块钱　船　的押金。

场景 134　买家用电器

Buying Electrical Appliances

The electrical current is 220 volts, 50 cycles in China. It is advisable to take your own appliances with you as well as a plug adapter — plug sizes vary throughout China. The electric current supply is not always stable, so be prepared for occasional power fluctuations.

【你来到一家大商场:】
【You come to a big department store:】

A: 小姐,我想买一台电冰箱,你们这儿管送吗?
Xiǎojie, wǒ xiǎng mǎi yì tái diànbīngxiāng, nǐmen zhèr guǎn sòng ma?
Miss, I'd like to buy a refrigerator. Do you offer delivery service here?

B: 管送。而且一个月内管换管退,还保修一年。
Guǎn sòng. Érqiě yí gè yuè nèi guǎn huàn guǎn tuì, hái bǎoxiū yì nián.
Yes, we do. You can change or return it within one month. It's guaranteed for one year.

常用短语及表达法 Useful Phrases and Expressions

这个坏了。你这儿能修吗?	Zhège huài le. Nǐ zhèr néng xiū ma?	This is broken. Can you fix it?
你们这儿有适用这个电器的插头吗?	Nǐmen zhèr yǒu shìyòng zhège diàn-qì de chātóu ma?	Do you have a plug for this electrical appliance?
我想租一盘录像带。	Wǒ xiǎng zū yì pán lùxiàngdài.	I'd like to hire a video cassette.
我想要一个多路插座/一个扬声器。	Wǒ xiǎng yào yí gè duōlù chāzuò /yí gè yángshēngqì.	I'd like an adapter /a speaker.
一台彩色电视机	yì tái cǎisè diànshìjī	a colour TV set
一台录音机	yì tái lùyīnjī	a tape-recorder
一台影碟机	yì tái yǐngdiéjī	a VCD player
一台洗衣机	yì tái xǐyījī	a washing machine
一台录像机	yì tái lùxiàngjī	a video recorder
一台收音机	yì tái shōuyīnjī	a radio
一台电风扇	yì tái diànfēngshàn	an electric fan
一台烤面包机	yì tái kǎomiànbāojī	a toaster
一台咖啡机	yì tái kāfēijī	a grinder
一个电熨斗	yí gè diànyùndǒu	an electric iron

一个电吹风	yí gè diànchuīfēng	an electric blower
一台空调	yì tái kōngtiáo	an air-conditioner
一个变压器	yí gè biànyāqì	a transformer
一个灯泡	yí gè dēngpào	a bulb
一个袖珍……	yí gè xiùzhēn……	a pocket. . . .

句型 Sentence Pattern

（谁） +管送吗？

例句 1：你们 管送吗？

例句 2：服务员 管送吗？

场景 135 买黄金和珠宝 Buying Gold and Jewelry

☞ When buying jewelry or gold in China, do have a connoisseur with you because sometimes the real and the fake are virtually indistinguishable.

【在一个珠宝柜台前你问服务员：】

【At the jewelry counter you are asking the attendant:】

A：金首饰怎么卖？

Jīnshǒushi zěnme mài?

How much are the gold items?

B：130 块人民币 1 克。

Yìbǎi sānshí kuài rénmínbì yí kè.

130 yuan RMB per gram.

A：这些金首饰和宝石有检验证书吗？

Zhèxiē jīnshǒushi hé bǎoshí yǒu jiǎnyàn zhèngshū ma?

Do these gold jewelry and gems have testing certificates?

B：有的，而且三年以内免费清洗。

Yǒu de, érqiě sān nián yǐnèi miǎnfèi qīngxǐ.

Yes. And it's free to have them rinsed in our shop within three years.

常用短语及表达法 Useful Phrases and Expressions

你这儿有金制品吗?	Nǐ zhèr yǒu jīnzhìpǐn ma?	Do you have anything in gold?
这是几开金的?	Zhè shì jǐ kāi jīn de?	How many carats is this?
这是纯银的吗?	Zhè shì chúnyín de ma?	Is this real silver?
一副手镯	yí fù shǒuzhuó	a pair of bracelets
一枚胸针	yì méi xiōngzhēn	a brooch
一副耳环	yí fù ěrhuán	a pair of earrings
一条项链	yì tiáo xiàngliàn	a necklace
一个坠子	yí gè zhuìzi	a pendant
一个首饰盒	yí gè shǒushihé	a jewel box
一枚宝石	yì méi bǎoshí	a gem

句型 Sentence Pattern

(什么) +有检验证书吗?

例句 1: 这些金首饰 有检验证书吗?

例句 2: 那些宝石 有检验证书吗?

场景 136 买卫生用品

Buying Sanitary Necessities

A: 你好,我想买一卷卫生纸和一包纸巾。

Nǐ hǎo, wǒ xiǎng mǎi yì juǎn wèishēngzhǐ hé yì bāo zhǐjīn.

Hello, I'd like a roll of toilet paper and a pack of tissues.

B: 您还要什么吗?

Nín hái yào shénme ma?

What else?

A: 有卫生巾吗?

Yǒu wèishēngjīn ma?

Do you have sanitary napkins?

B：有，你要普通的还是带护翼的？

Yǒu, nǐ yào pǔtōng de háishi dàihùyì de?

Yes. Do you want regular ones or the ones with wings?

A：我要一包夜用带护翼的，再要一盒丹碧丝棉条。

Wǒ yào yì bāo yèyòng dàihùyì de, zài yào yì hé dānbìsī miántiáo.

I need a packet with wings to wear at night and a box of Tampax.

B：一共二十块钱。

Yígòng èrshí kuài qián.

The total is 20 yuan.

场景 137 买避孕用品 Buying Contraceptives

☞ Today in developing China it is still a big taboo for people to talk about sex in public. So for most people buying contraceptives in a drug store is still an action too shy to take. But in case you want to buy the pill and condoms, here is some helpful advice:

A：你好，我要一盒避孕套。

Nǐ hǎo, wǒ yào yì hé bìyùntào.

Hello, I want a box of condoms.

B：大号的，中号的，还是小号的？

Dà hào de, zhōng hào de, háishi xiǎo hào de?

Large size, medium size or small size?

A：我要大号的。有避孕药吗？

Wǒ yào dà hào de. Yǒu bìyùnyào ma?

Large size, please. Do you have the pill?

B：有。你要长期的还是短期的？

Yǒu. Nǐ yào chángqī de háishi duǎnqī de?

Yes. Do you want long term or short term?

A：长期的，要一盒。

Chángqī de, yào yì hé.

I want a box of long term pill.

场景 138　买药　Buying Medicine

☞ There are two kinds of drug store in China: those dealing with Western medicine and those specializing in traditional Chinese medicine. Some shops have both services. Though the range of pharmaceutical goods to be found in China should generally be sufficient for your trip, it would be wise to take along a supply of any drugs that you use regularly.

【你感到不舒服,去药店买药:】

【You feel not well, and you go to the drug store:】

A: 小姐,我头疼 /牙疼 /胃疼 /感冒了,您看我该买什么药?

Xiǎojie, wǒ tóuténg /yáténg /wèiténg /gǎnmào le, nín kàn wǒ gāi mǎi shénme yào?

Miss, I've got a headache /toothache /stomachache /a cold, what kind of medicine do you think I should take?

B: 你发烧吗?

Nǐ fāshāo ma?

Do you have a fever?

A: 不发烧。

Bù fāshāo.

No.

B: 那你应该吃点儿去疼片。如果吃了还不好,你就应该去医院看看。

Nà nǐ yīnggāi chī diǎnr qùténgpiàn. Rúguǒ chīle hái bù hǎo, nǐ jiù yīnggāi qù yīyuàn kànkan.

Then you can take some pain-killers. If you still don't feel well after taking it, you must go to see the doctor.

A: 去疼片一盒多少钱?

Qùténgpiàn yì hé duōshao qián?

How much does one pack of pain-killer cost?

B: 两块。

Liǎng kuài.

Two yuan.

常用短语及表达法 Useful Phrases and Expressions

我要一些治……的药。	Wǒ yào yìxiē zhì ……de yào.	I want something for....
感冒 /咳嗽	gǎnmào /késou	cold /cough
晕车	yùnchē	travel sickness
烫伤	tàngshāng	burnt
虫咬伤	chóngyǎoshāng	insect bites
没处方能买这药吗?	Méi chǔfāng néng mǎi zhè yào ma?	Can I get this medicine without a prescription?
请按这个处方配药。	Qǐng àn zhège chǔfāng pèi yào.	Can you make up this prescription for me?
请给我拿一些……	Qǐng gěi wǒ ná yìxiē……	Can I have some....
阿司匹林	āsīpǐlín	aspirin
绷带	bēngdài	bandage
碘酒	diǎnjiǔ	iodine
纱布	shābù	gauze
消毒剂	xiāodújì	disinfectant
脱脂棉	tuōzhīmián	cotton wool
止咳糖浆	zhǐkétángjiāng	cough syrup
奎宁片	kuíníngpiàn	quinine tablets

句型 Sentence Pattern

如果+(怎么样), (谁)+ 应该+(做什么)。

例句 1: 如果 吃了还不好, 你 应该 去医院看看。

例句 1: 如果 下班晚, 你 应该 打个电话回来。

场景 139 买餐具和厨具 Buying Tableware

【你和一个本地的朋友谈论去哪儿买餐具和厨具:】

【You are talking with a local friend about where to buy tableware and kitchen utensils:】

A：你知道什么地方卖餐具吗？

Nǐ zhīdao shénme dìfang mài cānjù ma?

Do you know where I can buy tableware?

B：杂品店。你要买什么？

Zápǐndiàn. Nǐ yào mǎi shénme?

At the grocery. What do you want?

A：我要买四把勺子，四把叉子，十双筷子，一些盘子和一些碗。

Wǒ yào mǎi sì bǎ sháozi, sì bǎ chāzi, shí shuāng kuàizi, yìxiē pánzi hé yìxiē wǎn.

I want to buy four spoons, four forks, ten pairs of chopsticks, some plates and bowls.

B：你买这么多东西应该带一个纸盒子去。

Nǐ mǎi zhème duō dōngxi yīnggāi dài yí gè zhǐhézi qù.

Since you have so many things to buy you'd better bring a paper-box with you.

A：杂品店里没有纸盒吗？

Zápǐndiàn li méiyǒu zhǐhé ma?

Won't the grocery shop offer the paper box?

B：有时候没有。

Yǒushíhou méiyǒu.

Sometimes they won't.

A：杂品店还卖什么？

Zápǐndiàn hái mài shénme?

What else can I get in the grocery?

B：炒菜锅，蒸锅，木铲子，铁铲子，切菜刀，切菜板，漏勺等做饭的东西。

Chǎocàiguō, zhēngguō, mùchǎnzi, tiěchǎnzi, qiēcàidāo, qiēcàibǎn, lòusháo děng zuò fàn de dōngxi.

Frying pans, steamers, wooden slices, iron slices, kitchen knives, chopping boards, strainers, and so on which are used in the kitchen.

A：我还要买一把菜刀和一个切菜板。

Wǒ hái yào mǎi yì bǎ càidāo hé yí gè qiēcàibǎn.

I also want to buy a kitchen knife and a chopping board.

句型 Sentence Patterns

(1) 什么地方卖+(什么)?

例句 1：什么地方卖　餐具?
例句 2：什么地方卖　文具?

(2) (哪儿)　+还卖什么?

例句 1：杂品店　　还卖什么?
例句 2：那个地方　还卖什么?

场景 140　讨价还价　Bargaining

☞ Bargaining is an art. You have to have sharp eyes, a "cold heart," and perseverance. You can bargain in the free market and individual stores. Usually when you buy clothes in a free market you can buy clothes at half, or even less, of the original price the peddler offers.

【在一个自由市场,你看中了一件衬衣,但觉得太贵,你和摊主谈价钱:】
【In a free market you pick a shirt but think it is too expensive, so you begin to bargain with the peddler:】

A：这件衬衣多少钱?
　Zhè jiàn chènyī duōshao qián?
　How much is this shirt?

B：200 块。
　Èrbǎi kuài .
　200 yuan.

A：太贵了,能不能便宜一点儿?
　Tài guì le, néng bu néng piányi yìdiǎnr?
　Too expensive. Could you cut down the price a little?

B：那你给 180 块吧。
　Nà nǐ gěi yìbǎi bāshí kuài ba.
　How about 180 yuan?.

A：还是太贵了,再便宜一点儿,行吗?
　Háishi tài guì le, zài piányi yìdiǎnr, xíng ma?

It's still too expensive. Could you sell it a little bit cheaper?

B: 你说多少钱?

Nǐ shuō duōshao qián?

How much can you offer?

A: 100 块。

Yìbǎi kuài.

100 yuan.

B: 不行,太少了,最少 120 块。

Bù xíng, tài shǎo le, zuì shǎo yìbǎi èrshí kuài.

No, it's too cheap. 120 yuan at least.

A: 那我不要了。再见。

Nà wǒ bú yào le. Zàijiàn.

Well, I give up. See you.

B: 等一等。好吧,100 块钱卖给你。

Děng yì děng. Hǎo ba, yìbǎi kuài qián màigěi nǐ.

Wait a minute. OK. 100 yuan, I sell it.

句型 Sentence Pattern

(什么) +能不能(再)便宜一点儿?

例句 1: 这件衣服 能不能便宜一点儿?

例句 2: 那本书 能不能 再 便宜一点儿?

场景 141 打折 Discounts

【你在和一个朋友就打折的问题聊天:】

【You are chatting with a friend about discounts:】

A: 有一些商店里的衣服旁边写着"九折","七折",是什么意思?

Yǒu yìxiē shāngdiàn li de yīfu pángbiān xiězhe "jiǔ zhé", "qī zhé", shì shénme yìsi?

In some stores, there are plates next to some clothes stating "九折" or "七折", what do they mean?

B: "九折"是原价的 90%。即原价为 100 元的商品,九折是 90 元。

"Jiǔ zhé" shì yuánjià de bǎi fēn zhī jiǔshí. Jí yuánjià wéi yìbǎi yuán de shāngpǐn, jiǔ zhé shì jiǔshí yuán.

"九折"is a ten percent discount, which means if the original price is 100 yuan you can get it at 90 yuan when there is a ten percent discount.

A: 我明白了,"五折" 就是半价。

Wǒ míngbai le, "wǔ zhé" jiù shì bànjià.

I see. "五折" means half the price.

B: 对了。

Duì le.

Correct.

句型 Sentence Pattern

("什么") + 是什么意思?

例句 1:"九折" 是什么意思?

例句 2:"甩卖" 是什么意思?

场景 142 退货 Returning the Goods

【你买的东西不合适,你拿回商店里想把它退掉:】

【The goods you bought don't fit you well and you take it back to the store and intend to return it:】

A: 小姐,这件裙子我穿着不合适,我能退了吗?

Xiǎojie, zhè jiàn qúnzi wǒ chuānzhe bù héshì, wǒ néng tuìle ma?

Miss, this skirt doesn't fit me. Can I return it?

B: 您什么时候买的?

Nín shénme shíhou mǎi de?

When did you buy it?

A: 今天上午。

Jīntiān shàngwǔ.

This morning.

B: 可以退，可是只能给你 90%的钱。
Kěyǐ tuì, kěshì zhǐ néng gěi nǐ bǎi fēn zhī jiǔshí de qián.
You can return it, but you'll only be reimbursed ninety percent of its original cost.

A: 为什么？我并没有穿它呀。
Wèishénme? Wǒ bìng méiyǒu chuān tā ya.
Why? I didn't wear it.

B: 这是规定。
Zhè shì guīdìng.
This is the regulation.

A: 我要找你们经理。
Wǒ yào zhǎo nǐmen jīnglǐ.
I want to see your manager.

B: 他在二楼办公室。
Tā zài èr lóu bàngōngshì.
He's in the office on the second floor.

句型 Sentence Pattern

	(什么)	+(谁)+	什么时候买的？
例句 1：	这条裙子	您	什么时候买的？
例句 2：	那本书	他	什么时候买的？

第十二章　买票
Chapter Twelve　Buying Tickets

场景 143　买汽车票　Buying Bus Tickets

【你正在一辆拥挤的公共汽车上:】

【You are in a crowded bus:】

A: 售票员小姐,我买一张车票。

Shòupiàoyuán xiǎojie, wǒ mǎi yì zhāng chēpiào.

Miss conductor, I want to buy a ticket.

B: 您在哪儿上的车?

Nín zài nǎr shàng de chē?

Where did you get on the bus?

A: 刚上的。

Gāng shàng de.

Just now.

B: 您在哪一站下?

Nín zài nǎ yí zhàn xià?

Which stop will you get off?

A: 天安门广场。

Tiān'ānmén Guǎngchǎng.

The Tian'anmen Square.

B: 您坐错方向了。

Nín zuòcuò fāngxiàng le.

You are going in the wrong direction.

A: 那我该怎么办?

Nà wǒ gāi zěnme bàn?

What should I do then?

B: 您在下一站下车,在马路对面坐 10 路汽车。另外,您还得买这辆车的车票,五毛。

Nín zài xià yí zhàn xià chē, zài mǎlù duìmiàn zuò shí lù qìchē. Lìngwài, nín hái děi mǎi zhè liàng chē de chēpiào, wǔ máo.

You should get off at the next stop, take bus No. 10 across the road. You should also buy the ticket of this bus. It's fifty cents.

A: 好的,谢谢您。

Hǎo de, xièxie nín.

OK. Thank you.

句型　Sentence Pattern

（谁）+ 该怎么办？

例句 1：我　　该怎么办？

例句 2：他　　该怎么办？

场景 144　买地铁票　Buying Subway Tickets

【你在地铁售票处买票：】

【You are buying a ticket at the ticket office in the subway:】

A：我买一张去建国门的地铁票。

Wǒ mǎi yì zhāng qù Jiànguómén de dìtiěpiào.

A ticket to Jianguomen, please.

B：地铁票不论远近都是两块。你回来的时候也要坐地铁吗？

Dìtiěpiào búlùn yuǎn－jìn dōu shì liǎng kuài. Nǐ huílai de shíhou yě yào zuò dìtiě ma?

The subway ticket is two yuan wherever you go. Will you take the subway when you come back?

A：坐。

Zuò.

Yes.

B：那你可以买两张票。地铁票在一天以内都可以用。

Nà nǐ kěyǐ mǎi liǎng zhāng piào. Dìtiěpiào zài yì tiān yǐnèi dōu kěyǐ yòng.

Then you could buy two tickets. You could use them within a day.

A：好，我买两张。

Hǎo, wǒ mǎi liǎng zhāng.

OK. I'll buy two tickets.

句型 Sentence Pattern

(谁)+(做什么)+的时候+(做什么)吗?

例句1:你　回来　的时候　坐地铁吗?
例句2:他　看书　的时候　听音乐吗?

场景145 买哪次车的车票
Which Train Ticket Do You Want to Buy

☞ You can only buy one-way ticket for the train. If you should want to break your journey, go to the ticket office and enquire if there are any free seats on the train you would like to continue on. For other information about travelling by train, you can check Chapter Four.

【你要去上海出差,但你不知道该买哪次车的车票,于是便去火车站售票处询问:】

【You are going to Shanghai for a business trip, but don't know which train to take. So you go to the information desk in the ticket office:】

A: 麻烦您,我去上海应该坐哪次车?
Máfan nín, wǒ qù Shànghǎi yīnggāi zuò nǎ cì chē?
Excuse me, which train should I take to Shanghai?

B: 去上海每天有两趟车:13次特快,每天19:50发车,第二天10:58到上海;21次直快,每天17:01发车,第二天8:09到上海。
Qù Shànghǎi měitiān yǒu liǎng tàng chē: shísān cì tèkuài, měitiān shíjiǔ diǎn wǔshí fēn fā chē, dì-èr tiān shí diǎn wǔshíbā fēn dào Shànghǎi; èrshíyī cì zhíkuài, měitiān shíqī diǎn líng yī fēn fā chē, dì-èr tiān bā diǎn líng jiǔ fēn dào Shànghǎi.
There're two trains going to Shanghai every day: express train No. 13 sets out at 19:50 and arrives in Shanghai at 10:58 the next morning; fast train No. 21 sets out at 17:01 and arrives at 8:09 the next day.

A: 我买一张13次特快的软卧票。
Wǒ mǎi yì zhāng shísān cì tèkuài de ruǎnwòpiào.
I'd like to buy a soft sleeper ticket on express train No. 13.

B: 你是外国人,你可以带着你的护照去“外宾窗口”买票。在那儿你不用排队。

Nǐ shì wàiguórén, nǐ kěyǐ dàizhe nǐ de hùzhào qù “wàibīn chuāngkǒu” mǎi piào. Zài nàr nǐ bú yòng pái duì.

You're a foreigner, so you could take your passport to the Window for Foreigners to buy your ticket. You don't need to stand in the line there.

句型 Sentence Pattern

我去 + (哪儿) + 应该坐哪次车?

例句1: 我去 上海 应该坐哪次车?

例句2: 我去 银川 应该坐哪次车?

场景 146 买什么座位的票 What Kind of Train Ticket to Buy

【你拿着护照去“外宾窗口”买票:】

【With your passport you go to the Window for Foreigners to buy your ticket:】

A: 小姐,这是我的护照。我想买一张后天晚上去上海的13次特快车的车票。

Xiǎojie, zhè shì wǒ de hùzhào. Wǒ xiǎng mǎi yì zhāng hòutiān wǎnshang qù Shànghǎi de shísān cì tèkuàichē de chēpiào.

Miss, this is my passport. I'd like to buy a ticket on express train No. 13 to Shanghai for the evening of the day after tomorrow.

B: 您买软卧,硬卧,还是硬座票?

Nín mǎi ruǎnwò, yìngwò, háishi yìngzuòpiào?

Would you like the soft sleeper, the hard sleeper, or the hard seat?

A: 我买一张软卧票。

Wǒ mǎi yì zhāng ruǎnwòpiào.

I'd like a soft sleeper ticket.

常用短语及表达法 Useful Phrases and Expressions

我要一张去……的车票。	Wǒ yào yì zhāng qù ……de chēpiào.	I want a ticket to....
我想要一个靠窗口的座位。	Wǒ xiǎng yào yí gè kào chuāngkǒu de zuòwèi.	I want a seat by the window.
硬座 /软座	yìngzuò /ruǎnzuò	hard seat /soft seat
硬卧 /软卧	yìngwò /ruǎnwò	hard sleeper /soft sleeper
上铺 /中铺 /下铺	shàngpù /zhōngpù / xiàpù	upper berth /middle berth /lower berth
对不起,这次车的座位卖完了。	Duìbuqǐ, zhè cì chē de zuòwèi màiwán le.	Sorry, there are no tickets for this train.

句型 Sentence Pattern

我买一张+(什么时间)+去+(哪儿)+的车票。

例句1:	我买一张	后天晚上	去	上海	的车票。
例句2:	我买一张	明天上午	去	天津	的车票。

场景147 订飞机票 Booking Plane Tickets

【你来到一个订票处订一张去香港的飞机票:】

【You come to a booking office to book a plane ticket to Hongkong:】

A: 你好,我想订一张去香港的飞机票。

Nǐ hǎo, wǒ xiǎng dìng yì zhāng qù Xiānggǎng de fēijīpiào.

Hello, I'd like to book a plane ticket to Hong Kong.

B: 您想订哪一天的?

Nín xiǎng dìng nǎ yì tiān de?

Which day do you want to leave?

A: 5月30日。

Wǔ yuè sānshí rì.

May 30.

B: 那天有两个航班:一个是CA3151,早晨7:45起飞,一个是CZ

2762,下午 15:35 起飞。

Nà tiān yǒu liǎng gè hángbān: yí gè shì CA sān yāo wǔ yāo, zǎochen qī diǎn sìshíwǔ fēn qǐfēi, yí gè shì CZ èr qī liù èr, xiàwǔ shíwǔ diǎn sānshíwǔ fēn qǐfēi.

There're two flights on that day: one is Flight CA 3151, which takes off at 7:45; the other is Flight CZ 2762, which takes off at 15:35.

A: 从北京到香港大概需要多长时间?

Cóng Běijīng dào Xiānggǎng dàgài xūyào duō cháng shíjiān?

How long will it take from Beijing to Hongkong?

B: 大概三个半小时。

Dàgài sān gè bàn xiǎoshí.

About three and a half hours.

A: 那我要下午的。

Nà wǒ yào xiàwǔ de.

I'd like to take the afternoon one then.

B: 您需要买保险吗?

Nín xūyào mǎi bǎoxiǎn ma?

Do you want to buy insurance?

A: 不需要,谢谢。我什么时间到机场办理登机手续?

Bù xūyào, xièxie. Wǒ shénme shíjiān dào jīchǎng bànlǐ dēngjī shǒuxù?

No, thanks. What time do I have to arrive at the airport to check in?

B: 您最好在起飞前 2 个小时到机场。

Nín zuì hǎo zài qǐfēi qián liǎng gè xiǎoshí dào jīchǎng.

You'd better arrive at the airport two hours before taking off.

常用短语及表达法　Useful Phrases and Expressions

有去……的航班吗?	Yǒu qù …… de hángbān ma?	Is there a flight to...?
这是直达的航班吗?	Zhè shì zhídá de hángbān ma?	Is it a direct flight?
单程票 /往返票	dānchéngpiào / wǎngfǎnpiào	one-way ticket / roundtrip ticket

句型　Sentence Pattern

（什么时候）＋起飞。

例句 1：7:45　　　　　起飞。

例句 2：15:35　　　　起飞。

场景 148　更改预订　Changing Reservations

A：小姐，我想更改我预订的 **CA 2434** 航班的机票。

Xiǎojie, wǒ xiǎng gēnggǎi wǒ yùdìng de CA èr sì sān sì hángbān de jīpiào.

Miss, I want to change my reservation on flight CA 2434.

B：您想改到什么时候？

Nín xiǎng gǎidào shénme shíhou?

When do you want to leave?

A：我想改到 6 月 5 日飞广州，6 月 8 日返回北京。

Wǒ xiǎng gǎidào liù yuè wǔ rì fēi Guǎngzhōu, liù yuè bā rì fǎnhuí Běijīng.

I'd like to fly to Guangzhou on June 5th, and return to Beijing on June 8th.

B：对不起，那天的飞机没有座位了，只有 6 月 6 日的。

Duìbuqǐ, nà tiān de fēijī méiyǒu zuòwèi le, zhǐyǒu liù yuè liù rì de.

Sorry, we've no tickets left for that day. We have tickets for June 6th.

A：那好吧，给我订一张 6 月 6 日飞广州的机票。

Nà hǎo ba, gěi wǒ dìng yì zhāng liù yuè liù rì fēi Guǎngzhōu de jīpiào.

OK, then, book me a ticket to Guangzhou on June 6th.

句型　Sentence Pattern

(谁) + 想更改 + (什么)。

例句 1: 我　　想更改　我预订的机票。
例句 2: 他　　想更改　他的汉语名字。

场景 149　购买保险　Buying Insurance

【你在买完机票之后,订票处的人问你:】
【When you buy the plane ticket, the clerk in the booking office will ask you:】

A: 您要购买保险吗?
Nín yào gòumǎi bǎoxiǎn ma?
Do you want to buy insurance?

B: 买。
Mǎi.
Yes.

A: 您是要买 10 万元的保险还是买 20 万元的保险?
Nín shì yào mǎi shí wàn yuán de bǎoxiǎn háishi mǎi èrshí wàn yuán de bǎoxiǎn?
Do you want to buy insurance of one hundred thousand yuan or two hundred thousand yuan?

B: 20 万元的。
Èrshí wàn yuán de.
Two hundred thousand yuan, please.

A: 保险费是 20 块。
Bǎoxiǎnfèi shì èrshí kuài.
The insurance fee is twenty yuan, please.

场景 150　机票确认　Confirming the Airplane Ticket

☞ If you bought a roundtrip ticket, you must go to the ticket office to confirm it three days before you leave.

A：小姐，我想确认一下这张飞机票。
　Xiǎojie, wǒ xiǎng quèrèn yíxià zhè zhāng fēijīpiào.
　Miss, I'd like to confirm this ticket.
B：给我您的机票。
　Gěi wǒ nín de jīpiào.
　Your ticket, please.
【小姐在机票上盖了章后，把机票还给你：】
【Stamping the ticket, the clerk gives it back to you:】
A：完了？
　Wán le?
　Is that all?
B：完了。
　Wán le.
　That's all.

场景 151　买船票　Buying Boat Tickets

A：请问，有去上海的船票吗？
　Qǐng wèn, yǒu qù Shànghǎi de chuánpiào ma?
　Excuse me, are there tickets to Shanghai?
B：有。头等舱 600 块，二等舱 400 块，三等舱 300 块。
　Yǒu. Tóu děng cāng liùbǎi kuài, èr děng cāng sìbǎi kuài, sān děng cāng sānbǎi kuài.
　Yes. The first class cabin costs 600 yuan, the second class cabin, 400 yuan, and the third class cabin, 300 yuan.
A：去上海的船一个星期有几趟？
　Qù Shànghǎi de chuán yí gè xīngqī yǒu jǐ tàng?
　How often does the ship run to Shanghai every week?

B：两趟：每个星期二和星期五。

Liǎng tàng：měi gè xīngqī'èr hé xīngqīwǔ.

Twice：every Tuesday and Friday.

A：我想订一张下星期二的头等舱的船票。

Wǒ xiǎng dìng yì zhāng xià xīngqī'èr de tóu děng cāng de chuánpiào.

I'd like to book a ticket for the first class cabin of next Tuesday.

句型 Sentence Pattern

去＋(哪儿)＋的＋(什么)＋票有几种？

例句 1：	去	上海	的	船	票有几种？
例句 2：	去	大连	的	火车	票有几种？

场景 152 买公园的门票

Buying Park Entrance Tickets

【你来到一个公园门口，发现售票处标明的票价有两种，感到不明白：】

【In front of a park gate, you find that there are two prices for the entrance tickets, you feel puzzled:】

A：小姐，为什么公园有两种门票？

Xiǎojie, wèishénme gōngyuán yǒu liǎng zhǒng ménpiào?

Miss, why do you have two prices for the park entrance tickets?

B：一种是通票，可以进公园所有的门。一种是普通门票，只能进公园的大门，在公园里如果要进别的门还要买票。通票比普通票贵十五块钱。

Yì zhǒng shì tōngpiào, kěyǐ jìn gōngyuán suǒyǒu de mén. Yì zhǒng shì pǔtōng ménpiào, zhǐ néng jìn gōngyuán de dàmén, zài gōngyuán li rúguǒ yào jìn bié de mén hái yào mǎi piào. Tōngpiào bǐ pǔtōngpiào guì shíwǔ kuài qián.

One is an all-inclusive ticket which covers all the charges for small or special parks inside the park. The other one is a regular ticket. It only allows you to enter the main gate. You have to buy tickets again for small parks inside. The all-inclusive ticket is 15 yuan more expensive than the regular ticket.

A：那请给我来一张通票。

Nà qǐng gěi wǒ lái yì zhāng tōngpiào.

Well, please give me one all-inclusive ticket.

场景 153　买戏票和音乐会的票 Buying Tickets for a Play or a Concert

【你来到一家音乐厅的售票处：】

【You come to a ticket office of a concert hall:】

A：请问还有后天音乐会的票吗？

Qǐng wèn hái yǒu hòutiān yīnyuèhuì de piào ma?

Are there any tickets for the concert the night after tomorrow?

B：有。

Yǒu.

Yes.

A：票价有几种？

Piàojià yǒu jǐ zhǒng?

How many kinds of prices do you have?

B：票价有三种：30 块，60 块，和 80 块。

Piàojià yǒu sān zhǒng: sānshí kuài, liùshí kuài, hé bāshí kuài.

There are three prices: 30 yuan, 60 yuan, and 80 yuan.

A：60 块的票在第几排？

Liùshí kuài de piào zài dì-jǐ pái?

What rows are the 60-yuan tickets in?

B：从第 15 排到第 30 排。

Cóng dì-shíwǔ pái dào dì-sānshí pái.

From row 15 to 30.

A：我来三张 60 块的。

Wǒ lái sān zhāng liùshí kuài de.

I'll take three 60-yuan tickets.

B: 对不起,60 块的票卖完了,只剩几张 80 块的票了。

Duìbuqǐ, liùshí kuài de piào màiwán le, zhǐ shèng jǐ zhāng bāshí kuài de piào le.

I'm sorry, the 60 yuan tickets have been sold out, there are only a few seats for the 80-yuan ticket.

A: 那好吧,请给我来三张 80 块的票。

Nà hǎo ba, qǐng gěi wǒ lái sān zhāng bāshí kuài de piào.

OK, then, please give me three 80-yuan tickets.

常用短语及表达法 Useful Phrases and Expressions

还有今晚的票吗?	Hái yǒu jīnwǎn de piào ma?	Are there any tickets for tonight?
什么时间开演?	Shénme shíjiān kāiyǎn?	When will it begin?
我想要一张早场的票。	Wǒ xiǎng yào yì zhāng zǎochǎng de piào.	Can I have a ticket for the matinée?
我要一张楼下的。	Wǒ yào yì zhāng lóuxià de.	I want a seat in the stalls.
不要太靠后,要中间的。	Bú yào tài kào hòu, yào zhōngjiān de.	Not too far back, somewhere in the middle.

句型 Sentence Pattern

（什么） + 有几种价钱?

例句 1: 音乐会的票 有几种价钱?

例句 2: 歌剧的票 有几种价钱?

场景 154　买电影票　Buying Movie Tickets

A: 小姐,我买两张今天晚上 18:30 的电影票。

Xiǎojie, wǒ mǎi liǎng zhāng jīntiān wǎnshang shíbā diǎn sānshí fēn de diànyǐngpiào.

Miss, I want to buy two tickets for the movie starting at half past six tonight.

B: 你要一张双人票,还是两张单人票?

Nǐ yào yì zhāng shuāngrénpiào, háishi liǎng zhāng dānrénpiào?

Do you want a ticket for two, or two single tickets?

A: 有什么区别吗?

Yǒu shénme qūbié ma?

Is there any difference?

B: 双人票 30 元一张,单人票 10 元一张。

Shuāngrénpiào sānshí yuán yì zhāng, dānrénpiào shí yuán yì zhāng.

The ticket for two is 30 yuan and that for one is 10 yuan.

A: 那我想要两张单人票。

Nà wǒ xiǎng yào liǎng zhāng dānrénpiào.

Then I 'd like two single tickets.

常用短语及表达法　Useful Phrases and Expressions

这个电影院今晚有什么电影?	Zhège diànyǐngyuàn jīnwǎn yǒu shénme diànyǐng?	What's on at this cinema tonight?
电影几点开始?	Diànyǐng jǐ diǎn kāishǐ?	When will the film begin?
你能推荐一个好电影吗?	Nǐ néng tuījiàn yí gè hǎo diànyǐng ma?	Can you recommend a good movie?
导演是谁?	Dǎoyǎn shì shuí?	Who is the director?

第十三章　看病

Chapter Thirteen　Seeing the Doctor

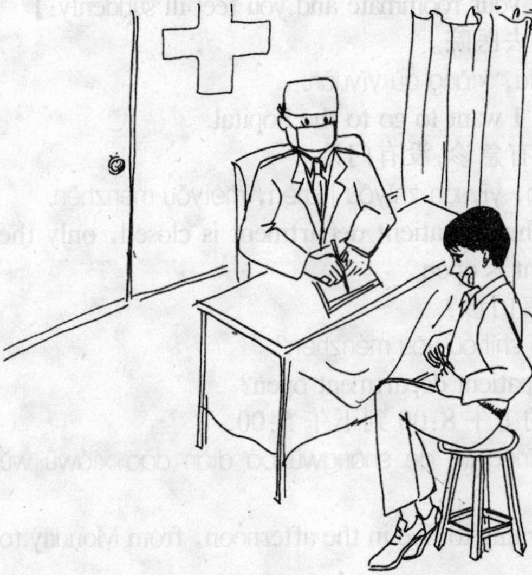

场景 155　看门诊还是看急诊

Going to the Outpatient Department or the Emergency Department

☞ Considering the language problem, it is a relief to have an translator with you when discussing symptoms and treatment: there is no reason to expect that your doctor, however well-qualified in medicine, understands a single word of English. Treatment may involve a combination of modern and traditional medicine – perhaps some tablets to swallow and some herb to take in an infusion. You may also come across the traditional Chinese art of acupuncture.

The hospitals in China often consists of three departments: the outpatient department, the emergency department and the inpatient department.

【一天晚上,你和你的同屋在宿舍里,你突然感到不舒服:】
【One night, you are with your roommate and you feel ill suddenly:】

A: 我有点儿不舒服,想去医院。
Wǒ yǒu diǎnr bù shūfu, xiǎng qù yīyuàn.
I'm not feeling well. I want to go to the hopital.

B: 现在是晚上,医院只有急诊,没有门诊。
Xiànzài shì wǎnshang, yīyuàn zhǐyǒu jízhěn, méiyǒu ménzhěn.
It's too late now. The outpatient department is closed, only the emergency department is open.

A: 那么医院什么时候有门诊?
Nàme yīyuàn shénme shíhou yǒu ménzhěn?
Then when is the outpatient department open?

B: 从星期一到星期五的上午 8:00 到下午 5:00.
Cóng xīngqīyī dào xīngqīwǔ de shàngwǔ bā diǎn dào xiàwǔ wǔ diǎn.
From eight in the morning to five in the afternoon, from Monday to Friday.

A: 什么时候有急诊呢?
Shénme shíhou yǒu jízhěn ne?
When is the emergency department open?

B: 二十四小时都有。
Èrshísì xiǎoshí dōu yǒu.
It is open at twenty-four hours.

A: 什么病可以看急诊?
Shénme bìng kěyǐ kàn jízhěn?
What kind of disease needs emergency treatment?

B：发烧 38.5 度以上和比较急的病。
Fāshāo sānshíbā dù wǔ yǐshàng hé bǐjiào jí de bìng.
A fever above 38.5 degrees centigrade, and other acute diseases.

常用短语及表达法　Useful Phrases and Expressions

请找一位大夫。	Qǐng zhǎo yí wèi dàifu.	Can you get me a doctor?
这儿有会说英语的大夫吗？	Zhèr yǒu huì shuō Yīngyǔ de dàifu ma?	Where can I find a doctor who can speak English?
外科门诊在哪儿？	Wàikē ménzhěn zài nǎr?	Where is the surgery doctor's office?

句型　Sentence Pattern

什么时候有＋（什么）？

例句 1：什么时候有　门诊？
例句 2：什么时候有　急诊？

场景 156　挂号和买本儿
Registering at the Hospital and Buying the Book of Medical Records

☞ In the hospital, you should first register and buy a small book of medical record for your keeping.

【你来到医院的挂号窗口：】
【You come to one of the windows of the registration office:】

A：小姐，我挂一个急诊号。
Xiǎojie, wǒ guà yí gè jízhěnhào.
Miss, I'd like to register for emergency treatment.

B：你有病历本儿吗？

Nǐ yǒu bìnglìběnr ma?

Do you have a medical record book?

A: 没有。

Méiyǒu.

No.

B: 那么你需要买一个病历本儿。

Nàme nǐ xūyào mǎi yí gè bìnglìběnr.

Then you need to buy one.

A: 挂号和买本儿一共多少钱?

Guàhào hé mǎi běnr yígòng duōshao qián?

How much is it for the registration and the book?

B: 五块五。

Wǔ kuài wǔ.

Five yuan and fifty cents.

句型 Sentence Pattern

(做什么)+和+(做什么)+一共多少钱?

例句1: 挂号	和	买本	一共多少钱?
例句2: 吃饭	和	喝茶	一共多少钱?

场景157 看哪一科 What Do You Register for

A: 小姐,我挂号。

Xiǎojie, wǒ guà hào.

Miss, I'd like to register.

B: 您要挂哪一科?

Nín yào guà nǎ yì kē?

Which department do you want to register?

A: 我挂内科。

Wǒ guà nèikē.

The internal medicine department, please.

常用短语及表达法　Useful Phrases and Expressions

有人介绍我见……大夫，这是他的地址。	Yǒu rén jièshào wǒ jiàn……dàifu, zhè shì tā de dìzhǐ.	I've been referred to Dr.... This is his address.
外科	wàikē	surgery
眼科	yǎnkē	the department of ophthalmology
妇科	fùkē	the department of gynecology
耳鼻喉科	ěr-bí-hóukē	the E. N. T. department
皮肤科	pífūkē	the dermatological department
牙科	yákē	the department of dentistry
中医科	zhōngyīkē	the department of traditional Chinese medical treatment
我想见会扎针灸的大夫。	Wǒ xiǎng jiàn huì zhā zhēnjiǔ de dàifu.	I'd like to see a doctor who uses acupuncture.
能约个尽早的看病时间吗？	Néng yuē ge jǐnzǎo de kànbìng shíjiān ma?	Can I have an appointment as soon as possible?

场景158　哪儿不舒服　What's Wrong with You

【给你看病的医生问你：】

【The doctor asks you:】

A：你哪儿不舒服？

Nǐ nǎr bù shūfu?

What's wrong with you?

B：我牙疼/头疼/胃疼/肚子疼/嗓子疼/咳嗽/发烧/流鼻涕/拉肚子。

Wǒ yáténg /tóuténg /wèiténg /dùzi téng /sǎngzi téng / késou / fāshāo /liú bítì /lā dùzi.

I've got a toothache /a headache /a stomachache /abdominal pains /a sour throat /a cough /a fever /a running nose /loose bowels.

A: 让我检查一下。

Ràng wǒ jiǎnchá yíxià.

Let me have an examination.

常用短语及表达法 Useful Phrases and Expressions

我不舒服。	Wǒ bù shūfu.	I'm not feeling well.
我觉得……	Wǒ juéde……	I feel....
头晕	tóuyūn	dizzy
恶心	ěxīn	nauseous
发冷	fālěng	shivery
我在发烧。	Wǒ zài fāshāo.	I've got a fever.
我腹泻。	Wǒ fùxiè.	I've got diarrhoea.
哮喘	xiàochuǎn	asthma
腰疼	yāoténg	backache
中暑	zhòngshǔ	sunstroke
流鼻血	liú bíxuě	nosebleed
我胸部疼。	Wǒ xiōngbù téng.	I have a pain in my chest.
我的肚子疼。	Wǒ de dùzi téng.	My stomache hurts.

场景 159 体查 Having a Physical Examination

【给你检查的大夫说:】

【The doctor says:】

A: 请你解开衣服。这儿疼吗?

Qǐng nǐ jiěkāi yīfu. Zhèr téng ma?

Please unbutton your clothes. Does it hurt here?

B: 不疼。

Bù téng.

No.

A: 这儿呢?

Zhèr ne?

How about here?

B: 这儿疼。

Zhèr téng.

Yes.

A: 怎么疼?

Zěnme téng?

What kind of pain do you feel?

B: 一按就疼。

Yí àn jiù téng.

I feel pain as soon as you press it.

A: 我给你开点儿止痛药。

Wǒ gěi nǐ kāi diǎnr zhǐténgyào.

I'll give you some pain-killers.

常用短语及表达法 Useful Phrases and Expressions

你这么不舒服有多长时间了?	Nǐ zhème bù shūfu yǒu duō cháng shíjiān le?	How long have you been feeling like this?
这是你第一次有这种症状吗?	Zhè shì nǐ dì-yī cì yǒu zhè zhǒng zhèngzhuàng ma?	Is this the first time you have felt this?
我给你测一下体温/量一下血压。	Wǒ gěi nǐ cè yíxià tǐwēn /liáng yíxià xuèyā.	Let me take your temperature /blood pressure.
请你卷起衣袖。	Qǐng nǐ juǎnqi yīxiù.	Please roll up your sleeve.
咳嗽一下。	Késou yíxià.	Cough.
张开嘴。	zhāngkāi zuǐ.	Open your mouth.
抬起胳膊。	Táiqi gēbo.	Lift up your arm.
吸气。	Xī qì.	Take a breath.
呼气。	Hū qì.	Exhale.
躺到床上。	Tǎngdào chuáng shang.	Lie on the bed.
收起腿。	Shōuqi tuǐ.	Draw back your legs.

伸直腿。	Shēnzhí tuǐ.	Stretch out your legs.
说"阿"。	Shuō "ā".	Say "a".
脱了鞋和袜子。	Tuōle xié hé wàzi.	Take off your shoes and socks.
刺疼 /一跳一跳的疼 /持续的疼	cìténg /yí tiào yí tiào de téng /chíxù de téng	sharp pain /throbbing /constant pain

句型 Sentence Pattern

请 +（谁）+（做什么）。

例句 1：请 你 解开衣服。
例句 2：请 他 躺在床上。

场景 160 你对什么药过敏？
What Medicine Are You Allergic to?

A：你对什么药过敏？
Nǐ duì shénme yào guòmǐn?
What medicine are you allergic to?

B：我对青霉素 /酒精 /抗菌素过敏。
Wǒ duì qīngméisù /jiǔjīng /kàngjūnsù guòmǐn.
I'm allergic to penicillin /alcohol /antibiotics.

句型 Sentence Pattern

（谁）+ 对 +（什么）+ 过敏？/。

例句 1：你 对 什么药 过敏？
例句 2：我 对 青霉素 过敏。

场景 161　化验　The Laboratory Test

【大夫对你说：】

【The doctor says to you：】

A：你去化验一下血 /尿 /大便，给你化验单。

Nǐ qù huàyàn yíxià xuè /niào /dàbiàn，gěi nǐ huàyàndān.

You should do a blood /urine /stool test. Here is your test report.

B：对不起，你能不能告诉我化验室在哪儿？

Duìbuqǐ，nǐ néng bu néng gàosu wǒ huàyànshì zài nǎr?

Excuse me，can you tell me where the test room is?

A：在一楼。你知道怎么化验吗？

Zài yī lóu. Nǐ zhīdao zěnme huàyàn ma?

It's on the first floor. Do you know the procedure?

B：不知道。

Bù zhīdào.

No.

A：你先去化验室划价，再去收费处交费，最后去化验室化验。验尿和大便的时候，你先去化验室门口拿一个瓶子或盒子，然后再去厕所。

Nǐ xiān qù huàyànshì huà jià，zài qù shōufèichù jiāo fèi，zuìhòu qù huàyànshì huàyàn. Yàn niào hé dàbiàn de shíhou，nǐ xiān qù huàyànshì ménkǒu ná yí gè píngzi huò hézi，ránhòu zài qù cèsuǒ.

You go to the test room to have the price worked out，pay the money at the cashier's，and go back to the test room to do the test. When you have your urine and stool examined，you should first take a small bottle or a box at the gate of the test room，and then go to the bathroom.

B：谢谢。

Xièxie.

Thank you.

【你把你的尿/大便交给化验室的护士，护士对你说：】

【You turn in your urine /stool sample to the nurse in the test room，she says：】

A: 请在门外等一会儿，二十分钟以后拿结果。
Qǐng zài mén wài děng yíhuìr, èrshí fēnzhōng yǐhòu ná jiéguǒ.
Please wait outside for a while. You can have the results in twenty minutes.

B: 好。
Hǎo.
OK.

句型 Sentence Pattern

（谁）+先+（做什么），再+（做什么），最后+（做什么）。

例句1：你 先 去划价， 再 去交费， 最后 去化验。
例句2：你 先 去工作， 再 去吃饭， 最后 去游泳。

场景 162 照 X 光 Having an X-Ray

【你摔了一跤，担心是骨折，医生让你去照 X 光。在 X 光室里，医生对你说：】
【You fell and you are worried that your bone was broken. The doctor asks you to have an x-ray. In the x-ray room, the doctor says to you:】

A: 请站到机器后面去，举起你的胳膊，把手放在脑后。……吸气，呼气。好了。
Qǐng zhàndao jīqì hòumian qù, jǔqi nǐ de gēbo, bǎ shǒu fàngzài nǎo hòu. ……Xī qì, hū qì. Hǎo le.
Please stand behind the machine. Lift up your arms and put your hands on the back of your head. .... Take a breath, and exhale. That's all.

B: 医生，我的骨头断了吗？
Yīshēng, wǒ de gǔtou duànle ma?
Doctor, has my bone been broken?

A: 没有，但是脱臼/扭伤/撕裂了。
Méiyǒu, dànshì tuōjiù /niǔshāng /sīliè le.

No, but it is dislocated /sprained /torn.

句型 Sentence Pattern

举起+(什么)。

例句1: 举起 你的胳膊。
例句2: 举起 这本书。

场景163 化验完了 The Test Is Done

【你从化验室拿着你的化验结果回到医生那儿:】
【You come back to the doctor with your test results:】

A: 大夫,我化验完了,这是化验结果。
Dàifu, wǒ huàyàn wán le, zhè shì huàyàn jiéguǒ.
Doctor, I've had my test done. This is the test result.

B: 我看一下。你需要打针。
Wǒ kàn yíxià. Nǐ xūyào dǎzhēn.
Let me have a look. You need an injection.

A: 我住的地方离医院很远,我能不能吃药,不打针?
Wǒ zhù de dìfang lí yīyuàn hěn yuǎn, wǒ néng bu néng chī yào, bù dǎzhēn?
The place where I'm living is far away from the hospital. May I take some medicine instead of having injections?

B: 可以。
Kěyǐ.
Certainly.

常用短语及表达法 Useful Phrases and Expressions

你需要到大医院做一个全面检查。	Nǐ xūyào dào dà yīyuàn zuò yí gè quánmiàn jiǎnchá.	You need to go to a bigger hospital for a general checkup.

你必须卧床休息几天。	Nǐ bìxū wòchuáng xiūxi jǐ tiān.	You must stay in bed for several days.
这病不传染。	Zhè bìng bù chuánrǎn.	It's not contagious.

句型 Sentence Pattern

谁+(做什么)+的地方离+(哪儿)+很远。

例句1:	我	住	的地方离	医院	很远。
例句2:	他	去	的地方离	这儿	很远。

场景164 取药 Getting the Medicine

【医生开完了药方对你说:】

【The doctor gives you the prescription:】

A: 你去取药吧。如果药吃完了还不好转,你再来。

Nǐ qù qǔ yào ba. Rúguǒ yào chīwánle hái bù hǎozhuǎn, nǐ zài lái.

You can go to get your medicine now. If you don't feel better after taking the medicine, you could come to me again.

B: 谢谢。取药也是先划价,再交费,最后拿药吗?

Xièxie. Qǔ yào yě shì xiān huà jià, zài jiāo fèi, zuìhòu ná yào ma?

Thank you. Is it the same procedure that I first go to have the price counted out, then pay the money, and get my medicine from the pharmacy at last?

A: 对。

Duì.

Correct.

常用短语及表达法 Useful Phrases and Expressions

能给我开一些……吗?	Néng gěi wǒ kāi yìxiē …… ma?	Can you prescribe some … for me?
抗抑郁药	kàng yìyù yào	antidepressants
安眠药	ānmián yào	sleeping pills

镇静药	zhènjìng yào	tranquillizers
我不要太厉害的药。	Wǒ bú yào tài lìhai de yào.	I don't want anything too strong.

句型 Sentence Pattern

(谁)+再+(做什么)。

例句 1:你　再　来。
例句 2:他　再　吃一片药。

场景 165　打针　Having an Injection

【你来到注射室对护士小姐说:】
【You come to the injection room and say to the nurse:】

A:护士小姐,我打针。
Hùshi xiǎojie, wǒ dǎ zhēn.
Miss nurse, I'm coming to have an injection.

B:把注射单给我。你要先打一针皮试针。
Bǎ zhùshèdān gěi wǒ. Nǐ yào xiān dǎ yì zhēn píshìzhēn.
Please give me the injection sheet. You should first take a test injection.

A:打哪儿?
Dǎ nǎr?
Where are you going to give the injection?

B:打胳膊。
Dǎ gēbo.
In your arm.
……

B:好了,你在门口的椅子上坐一会儿,二十分钟后我叫你。
Hǎo le, nǐ zài ménkǒu de yǐzi shang zuò yíhuìr, èrshí fēnzhōng hòu wǒ jiào nǐ.
OK. Please rest on the chair at the gate for a while. I'll call you in twenty minutes.

【二十分钟过去了，护士出来说：】
【Twenty minutes past, the nurse comes out saying:】

B：我看一下你的胳膊。…… 没事儿，可以打针。
Wǒ kàn yíxià nǐ de gēbo. …… Méi shìr, kěyǐ dǎ zhēn.
Let me take a look at your arm. ... No allergy has appeared. You can have the injection.

A：打哪儿？
Dǎ nǎr?
Where are you going to inject this time?

B：打屁股。请解开裤子，趴在床上。
Dǎ pìgǔ. Qǐng jiěkai kùzi, pāzài chuáng shang.
In the buttock. Please unbutton your trousers and lie on the bed on your stomach.
……

B：好了，一天注射两次，上午一次，下午一次。
Hǎo le, yì tiān zhùshè liǎng cì, shàngwǔ yí cì, xiàwǔ yí cì.
It's done. You should have the injections twice a day: one in the morning, and the other in the afternoon.

句型 Sentence Pattern

请 + (谁) + 解开 + (什么)。

例句 1：请 你 解开 裤子。
例句 2：请 他 解开 衣服。

场景 166 看药品说明
Reading the Medicine Directions

【你拿的药没有英文说明，你问大夫：】
【There are no English directions for your medicine. You go to ask the doctor:】

A：大夫，这些药怎么用？

Dàifu, zhèxiē yào zěnme yòng?

Doctor, how should I take the medicine?

B: 这个药是外用的,不能吃;这个药一天吃三次,饭前吃;那个药一天吃四次,六个小时吃一次。你记住了吗?

Zhège yào shì wàiyòng de, bù néng chī; zhège yào yì tiān chī sān cì, fàn qián chī; nàge yào yì tiān chī sì cì, liù gè xiǎoshí chī yí cì. Nǐ jìzhùle ma?

This medicine is for external use only. It's not edible. Take this one three times a day before each meal. Take that one every six hours. That means four times a day. Can you remember?

A: 记住了。

Jìzhù le.

Yes.

常用短语及表达法 Useful Phrases and Expressions

我必须吞服吗?	Wǒ bìxū tūnfú ma?	Must I swallow them whole?
一天吃几次?	Yì tiān chī jǐ cì?	How many times a day should I take it?
这种药每隔……小时服一次,连续服……天。	Zhè zhǒng yào měi gé …… xiǎoshí fú yí cì, liánxù fú …… tiān.	Take this medicine every ... hours for ... days.

句型 Sentence Pattern

(什么)+怎么用?

例句1: 这些药 怎么用?

例句2: 这个灯 怎么用?

场景 167　住院　Staying in the Hospital

【医生给你看完病之后，你问医生：】

【You are asking the doctor after he diagnosed:】

A：大夫，我的病怎么样？

Dàifu, wǒ de bìng zěnmeyàng?

Doctor, how serious is my illness?

B：您不用担心，病情不是很严重，但是需要住院观察一下。您有中国朋友吗？能不能让他来帮您？

Nín búyòng dānxīn, bìngqíng bú shì hěn yánzhòng, dànshì xūyào zhùyuàn guānchá yíxià. Nín yǒu Zhōngguó péngyou ma? Néng bu néng ràng tā lái bāng nín?

Don't you be worried. It is not serious. But we need you to stay in the hospital for observation. Do you have any Chinese friends? Could you call them to help you?

A：我没有中国朋友。

Wǒ méiyǒu Zhōngguó péngyou.

I don't know any Chinese friends.

B：那么请您去住院处交住院押金，然后去病房。

Nàme qǐng nín qù zhùyuànchù jiāo zhùyuàn yājīn, ránhòu qù bìngfáng.

Well, in that case you should go to pay the deposit for hospitalization in the admission office, and go to the ward afterwards.

A：能不能请一个护士和我一起去？

Néng bu néng qǐng yí gè hùshi hé wǒ yìqǐ qù?

Could you have a nurse go with me?

B：可以。

Kěyǐ.

Of course.

常用短语及表达法 Useful Phrases and Expressions

请通知我的家属。	Qǐng tōngzhī wǒ de jiāshǔ.	Please notify my family.
什么时间能探视?	Shénme shíjiān néng tànshì?	What are the visiting hours?
我什么时候可以下床活动?	Wǒ shénme shíhou kěyǐ xià chuáng huódòng?	When can I get up?
铃在哪儿?	Líng zài nǎr?	Where is the bell?

句型 Sentence Pattern

	能不能请+	(谁)	+和我一起去?
例句1:	能不能请	一个护士	和我一起去?
例句2:	能不能请	你	和我一起去?

场景168 要发票和诊断书

Asking for the Receipt and the Prescription

【出院时，你对大夫说:】

【When leaving the hospital, you ask the doctor:】

A: 大夫，请把我的诊断书给我。回国以后，我们的保险公司要根据诊断书和发票给我报销。

Dàifu, qǐng bǎ wǒ de zhěnduànshū gěi wǒ. Huí guó yǐhòu, wǒmen de bǎoxiǎn gōngsī yào gēnjù zhěnduànshū hé fāpiào gěi wǒ bàoxiāo.

Doctor, please give me my medical certificate. When I go back home, the insurance company needs my medical certificate and receipt to refund me.

B: 没问题。

Méi wèntí.

No problem.

常用短语及表达法　Useful Phrases and Expressions

我该付多少钱?	Wǒ gāi fù duōshao qián?	How much do I owe you?
请开张收据/医生证明。	Qǐng kāi zhāng shōujù / yīshēng zhèngmíng.	Can I have a receipt / medical certificate?

场景 169　你最好回国治病 You'd Better Go Back Home to Get the Treatment

【医生给你看完病以后,你问医生:】

【You are asking the doctor after he diagnosed:】

A: 大夫,我的病严重吗?

Dàifu, wǒ de bìng yánzhòng ma?

Doctor, is my disease serious?

B: 有一点儿严重,你最好回国治疗,做一个全面检查。我先给你开一些药,这些天你要多休息。

Yǒu yìdiǎnr yánzhòng, nǐ zuì hǎo huí guó zhìliáo, zuò yí gè quánmiàn jiǎnchá. Wǒ xiān gěi nǐ kāi yìxiē yào, zhèxiē tiān nǐ yào duō xiūxi.

It's a little bit serious. You'd better go back home to get the treatment and a general check-up. I'll prescribe you some medicine. You must take more rests these days.

A: 好,我马上就订飞机票回国。

Hǎo, wǒ mǎshàng jiù dìng fēijīpiào huí guó.

OK. I'll book the airplane ticket back at once.

句型　Sentence Pattern

(谁)+最好+(做什么)。

例句1:	你	最好	回国治疗。
例句2:	他	最好	不去电影院。

第十四章 租房
Chapter Fourteen Renting a House

场景 170 找朋友租房子
Renting a House from a Friend

【你来到北京,觉得宾馆的房租太贵,想自己租房子住。你问一个朋友:】
【You come to Beijing and feel that the hotel fee is too expensive to afford. You want to rent a house yourself so you ask your friend for help:】

A:我想租套房子。你有没有朋友要出租房子?
Wǒ xiǎng zū tào fángzi. Nǐ yǒu méiyǒu péngyou yào chūzū fángzi?
I want to rent an apartment. Do you have friends who have an apartment to rent out?

B:你想租什么样的?
Nǐ xiǎng zū shénmeyàng de?
What kind of apartment do you want?

A:带厨房和厕所的一房一厅。
Dài chúfáng hé cèsuǒ de yì fáng yì tīng.
A one-room apartment with kitchen and bathroom.

B:你想在什么地段?
Nǐ xiǎng zài shénme dìduàn?
Which area do you want to live?

A:离这里五公里以内都可以。
Lí zhèli wǔ gōnglǐ yǐnèi dōu kěyǐ.
Any place within five kilometers away from here.

B:你想付多少钱?
Nǐ xiǎng fù duōshao qián?

How much do you want to offer?

A: 一个月一千块到一千五百块。

Yí gè yuè yìqiān kuài dào yìqiān wǔbǎi kuài.

One thousand to fifteen hundred yuan each month.

B: 好吧,我帮你打听打听。

Hǎo ba, wǒ bāng nǐ dǎting dǎting.

OK, I'll help you ask about it.

句型 Sentence Pattern

(多长时间)+(多少钱)。

例句 1: 一个月 1500 块。

例句 2: 一天 8 美元。

场景 171 找出租公司租房子

Renting a House from a Company

【你在报纸上看到有你想租的房子的广告,你给中介公司打电话:】

【You found a satisfying house ad in the newspaper, and you are calling the intermediary company:】

A: 请问,您是__________公司吗?

Qǐng wèn, nín shì __________ gōngsī ma?

Hello! Is this the __________ Company?

B: 对。您有什么事?

Duì. Nín yǒu shénme shì?

Yes. What can we do for you?

A: 我在报纸上看到一则你们公司刊登的房屋广告。我想看一看房子,如果满意,我想租半年。

Wǒ zài bàozhǐ shang kàndào yì zé nǐmen gōngsī kāndēng de fángwū guǎnggào. Wǒ xiǎng kàn yí kàn fángzi, rúguǒ mǎnyì, wǒ xiǎng zū bàn nián.

I'm interested in the house which you advertised in the newspaper.

I'd like to have a look at it. If I am satisfied I'll rent it for six months.

B: 您什么时候有时间，我们带您去。

Nín shénme shíhou yǒu shíjiān, wǒmen dài nín qù.

Pleas tell us when you are free. We can take you there.

A: 明天下午三点，可以吗？

Míngtiān xiàwǔ sān diǎn, kěyǐ ma?

How about three o'clock tomorrow afternoon?

B: 可以。明天下午三点我在北京饭店门口等您。

Kěyǐ. Míngtiān xiàwǔ sān diǎn wǒ zài Běijīng Fàndiàn ménkǒu děng nín.

That's fine. At three o'clock tomorrow afternoon I'll be waiting for you at the entrance of the Beijing Hotel.

A: 顺便请问，月房租是多少？

Shùnbiàn qǐng wèn, yuè fángzū shì duōshao?

By the way, how much is the monthly rent?

B: 一千五百元。

Yìqiān wǔbǎi yuán.

1500 yuan.

A: 介绍费呢？

Jièshàofèi ne?

How about the introduction fee?

B: 介绍费是月房租的4%。

Jièshàofèi shì yuè fángzū de bǎi fēn zhī sì.

The introduction fee is 4% of the monthly rent.

A: 好，我知道了。

Hǎo, wǒ zhīdao le.

OK. I see.

句型 Sentence Pattern

	(什么时间)	+(谁)+	在+	(哪儿)	+ 等+(谁)。
例句1:	明天下午三点	我	在	北京饭店门口	等 你。
例句2:	今天晚上八点	他	在	办公室	等 我。

第十五章　租车
Chapter Fifteen　Renting a Car

☞ In China, you can either hire a private car, or you can hire a car and driver for the day or longer.

场景 172　租小轿车　Renting a Car

【你给汽车出租公司打电话：】
【You are calling the rental car company:】

A：喂，你好。我想租一辆小轿车，租一个星期。
Wèi, nǐ hǎo. Wǒ xiǎng zū yí liàng xiǎojiàochē, zū yí gè xīngqī.
Hello! I want to rent a car for a week.

B：要司机吗？
Yào sījī ma?
Do you need a driver?

A：不要，我自己开。
Bú yào, wǒ zìjǐ kāi.
No. I can drive myself.

B：请你有时间带着护照和驾驶执照，还有押金到我们公司来一趟。
Qǐng nǐ yǒu shíjiān dàizhe hùzhào hé jiàshǐ zhízhào, hái yǒu yājīn dào wǒmen gōngsī lái yí tàng.
Please come to our company with your passport, driving licence and the deposit when you have time.

A：押金是多少？
Yājīn shì duōshao?
How much is the deposit?

B：三天以内，两千块，一个月以内，两万块。

Sān tiān yǐnèi, liǎngqiān kuài, yí gè yuè yǐnèi, liǎngwàn kuài.
Two thousand yuan for less than three days; twenty thousand yuan for one month.

A: 租车费是多少?
Zūchēfèi shì duōshao?
How much is the rent charge?

B: 一天三百块。
Yì tiān sānbǎi kuài.
Three hundred yuan a day.

常用短语及表达法　Useful Phrases and Expressions

我想租一辆有导游和司机的汽车。	Wǒ xiǎng zū yí liàng yǒu dǎoyóu hé sījī de qìchè.	I'd like to hire a car with a guide and a driver.

句型　Sentence Pattern

请+(谁)+带着+(什么),到+(哪儿)+去/来一趟。

例句1:	请	你	带着	护照,	到	警察局	去一趟。
例句2:	请	他	带着	钱,	到	公司	来一趟。

场景173　在中国开车应该注意什么
Matters Meriting Attention When Driving in China

【你正和一个司机朋友聊天:】
【You are chatting with a driver friend:】

A: 我在中国开车要注意什么?
Wǒ zài Zhōngguó kāi chē yào zhùyì shénme?
What should I pay attention to when I'm driving in China?

B: 第一要靠右行驶,注意自行车和行人;第二在路口一定要慢行,不能快；第三注意路标，因为有很多地方不能左转和调头。
Dì-yī yào kào yòu xíngshǐ, zhùyì zìxíngchē hé xíngrén; Dì-èr zài lùkǒu yídìng yào màn xíng, bù néng kuài; Dì-sān zhùyì lùbiāo, yīnwèi yǒu hěn duō dìfang bù néng zuǒ zhuǎn hé diào tóu.
First and foremost you should drive along the right side of the road, and pay attention to bicycles and pedestrians. Secondly, you must slow down at the crossing. Thirdly, you must note the traffic signs because in some places it is forbidden to turn left or turn round.

句型 Sentence Pattern

(谁)+(做什么)+要注意什么？

例句 1：我 开车 要注意什么？
例句 2：他 写信 要注意什么？

场景 174 在加油站 At the Gas Station

【你的车半路没油了，你停下来问一个路人：】
【Your car runs out of gas on the way, you stop to ask a pedestrian:】

A：请问，这儿附近有加油站吗？
Qǐng wèn, zhèr fùjìn yǒu jiāyóuzhàn ma?
Excuse me, is there a gas station nearby?

B：有。在前边十字路口向右转。
Yǒu. Zài qiánbian shízì lùkǒu xiàng yòu zhuǎn.
Yes. You just turn right at the crossing ahead.

A：多谢。
Duōxiè.
Thanks a lot.

【你来到加油站，加油工问你：】
【You come to the station. The worker is asking you:】

C：您加什么油？
Nín jiā shénme yóu?

What kind of gas do you want?

A: 93号汽油/无铅汽油/柴油。

Jiǔshísān hào qìyóu /wú qiān qìyóu /cháiyóu.

No. 93 gas /leadless gas /diesel oil.

C: 加多少?

Jiā duōshao?

How much do you want?

A: 三十公升。

Sānshí gōngshēng.

Thirty litres, please.

场景175 修车 Having the Car Repaired

【你的车有问题,你开车到修车厂:】

【There is something wrong with your car, so you drive it to the repair plant:】

A: 师傅,我的车有毛病,请您修一修。

Shīfu, wǒ de chē yǒu máobìng, qǐng nín xiū yì xiū.

Master, there's something wrong with my car. Could you repair it?

B: 哪儿坏了?

Nǎr huài le?

Which part doesn't run well?

A: 我说不清, 您一开就知道了。

Wǒ shuō bu qīng, nín yì kāi jiù zhīdao le.

I don't know how to say it. You'll know as soon as you drive it.

B: 把车钥匙给我。

Bǎ chē yàoshi gěi wǒ.

Give me your key.

【过了一会儿修车的师傅对你说:】

【After a while the fixer says to you:】

B: 后天来取,行吗?

Hòutiān lái qǔ, xíng ma?

Could you come to take it the day after tomorrow?

A: 能不能快一点儿?

Néng bu néng kuài yìdiǎnr?

Could you make it more quickly?

B: 明天晚上 6:00 吧?

Míngtiān wǎnshang liù diǎn ba?

How about six o'clock tomorrow evening?

A: 可以,谢谢。

Kěyǐ, xièxie.

That's fine, thank you.

句型 Sentence Pattern

	(什么)	+有毛病,(请)+	(谁)+	修一修。
例句 1:	我的车	有毛病,请	您	修一修。
例句 2:	我的冰箱	有毛病,请	李老师	修一修。

场景 176 租大轿车 Renting a Coach

【你给汽车出租公司打电话:】

【You are calling the rental automobile company:】

A: 你好,我想租一辆可以坐四十人的大轿车去长城,要司机,早上出发,晚上回来。需要多少钱?

Nǐ hǎo, wǒ xiǎng zū yí liàng kěyǐ zuò sìshí rén de dàjiàochē qù Chángchéng, yào sījī, zǎoshang chūfā, wǎnshang huílai. Xūyào duōshao qián?

Hello, I'd like to rent a coach which can take forty people to the Great Wall. I need a driver. We'll set out in the morning and come back in the evening. How much does it cost?

B: 基本租费是一公里十二块。北京距长城八十公里,租费共约两千元。另外,你们还需要给司机一些小费。

Jīběn zūfèi shì yì gōnglǐ shíèr kuài. Běijīng jù Chángchéng bāshí gōnglǐ, zūfèi gòng yuē liǎngqiān yuán. Lìngwài, nǐmen hái xūyào gěi sījī yìxiē xiǎofèi.

The basic rent is twelve yuan a kilometer. It is 80 kilometers from Beijing to the Great Wall, so the total rent is about 2,000 yuan. Beside this, you need to tip the driver a little bit.

A: 大概需要多少小费?

Dàgài xūyào duōshao xiǎofèi?

How much do you tip the driver, approximately?

B: 三十块到五十块。

Sānshí kuài dào wǔshí kuài.

Thirty yuan to fifty yuan.

A: 好的。我们将于5月10日早上7:00从饭店出发。我现在告诉你我的地址和电话。

Hǎo de. Wǒmen jiāng yú wǔ yuè shí rì zǎoshang qī diǎn cóng fàndiàn chūfā. Wǒ xiànzài gàosu nǐ wǒ de dìzhǐ hé diànhuà.

OK. We'll set out from our hotel at seven o'clock in the morning of May 10. Now let me tell you my address and telephone number.

句型 Sentence Pattern

(什么时候)+出发,(什么时候)+回来。

例句1:	早上	出发,晚上	回来。
例句2:	上午八点	出发,下午四点	回来。

场景177 你租的车没有来 The Coach You Rented Does Not Come

【你租的大轿车没有准时到,你很着急,给汽车出租公司打电话:】

【The coach you rented does not arrive in time. You are very worried and you are calling the rental automobile company:】

A: 喂,我是__________,我在你们公司租了一辆大轿车,时间已经到了,车为什么还没有来?

Wèi, wǒ shì ________, wǒ zài nǐmen gōngsī zūle yí liàng dàjiàochē, shíjiān yǐjīng dào le, chē wèishénme hái méiyǒu lái?

Hello! This is ________. I rented a coach in your company. It's now the time that it should arrive. But why hasn't it come yet?

B: 您租的车已经离开一个小时了,可能路上堵车,您再耐心等一等。

Nín zū de chē yǐjīng líkāi yí gè xiǎoshí le, kěnéng lù shang dǔchē, nín zài nàixīn děng yì děng.

The coach you rented has left an hour ago. Perhaps it is coming across a traffic jam on its way. Please wait patiently for a while.

A: 好的。

Hǎo de.

OK.

句型　Sentence Pattern

(什么)+　已经离开 +(多长时间)+ 了。

例句 1: 您租的车　已经离开　一个小时　了。

例句 2: 他的客人　已经离开　一天　了。

场景 178　租车搬家　Renting a Car to Move

【你要搬家,给搬家公司打电话:】

【You are going to move to a new house, and are calling the moving company:】

A: 你好,是搬家公司吗?

Nǐ hǎo, shì bānjiā gōngsī ma?

Hello, is that the moving company?

B: 对。

Duì.

Yes.

A: 我想请你们这个星期六早上帮我搬家,可以吗?

Wǒ xiǎng qǐng nǐmen zhège xīngqīliù zǎoshang bāng wǒ bānjiā, kěyǐ ma?

Would you please come to help me move into a new house this Saturday morning?

B：我看一下。这个星期六早上没有车了，下午可以吗？

Wǒ kàn yíxià. Zhège xīngqīliù zǎoshang méiyǒu chē le, xiàwǔ kěyǐ ma?

Let me see. The truck is unavailable this Saturday morning. How about the afternoon?

A：也可以。

Yě kěyǐ.

That's fine.

B：请您告诉我您的地址。

Qǐng nín gàosu wǒ nín de dìzhǐ.

Please leave your address.

A：好的。

Hǎo de.

OK.

B：您能不能星期六下午2:00在您家门口等我们？

Nín néng bu néng xīngqīliù xiàwǔ liǎng diǎn zài nín jiā ménkǒu děng wǒmen?

Could you wait for us at two o'clock on Saturday afternoon in front of your house?

A：没问题。

Méi wèntí.

No problem.

B：您需要几辆车？

Nín xūyào jǐ liàng chē?

How many trucks do you need?

A：两辆。

Liǎng liàng.

Two.

句型 Sentence Pattern

	(谁)	+ 能在 +	(哪儿)	+ 等 +	(谁吗)?
例句 1:	你	能在	你家门口	等	我们吗?
例句 2:	你们	能在	路口	等	我们吗?

第十六章 参加各种集会

Chapter Sixteen

Taking Part in All Kinds of Parties

场景 179　参加朋友的生日晚会

Taking Part in a Friend's Birthday Party

☞ Holding a birthday party is becoming a prevailing fashion among Chinese young people. Usually they would invite some good friends to his or her home to share a birthday cake or sing songs and the friends are supposed to give a small gift to the host or hostess on such occasion.

【你的中国朋友过生日，你对他说：】
【It is your Chinese friend's birthday. You are congratulating him:】

A：生日快乐！/祝你生日快乐！
Shēngrì kuàilè! /Zhù nǐ shēngrì kuàilè!
Happy birthday! /Wish you a happy birthday!

B：谢谢。
Xièxie.
Thank you.

A：这是我送你的小礼物，希望你能喜欢。
Zhè shì wǒ sòng nǐ de xiǎo lǐwù, xīwàng nǐ néng xǐhuan.
I have a small gift for you. I hope you will like it.

B：你太好了！
Nǐ tài hǎo le!
It's very nice of you!

场景 180 参加老人的生日宴会 Taking Part in the Birthday Party of an Aged Person

☞ China is a country that shows great respect to old people. Usually it is worth celebrating that a person can live to 70 to 80 years old.

【王爷爷正在庆祝八十大寿，你向他祝贺：】
【Grandpa Wang is celebrating his eightieth birthday, and you are congratulating him:】

A：王爷爷，祝您长命百岁 /长寿 /身体健康！
Wáng yéye, zhù nín chángmìng bǎisuì /chángshòu /shēntǐ jiànkāng!
Grandpa Wang, we wish you a long life of one hundred years /a long life /good health!

B：谢谢！
Xièxie!

Thank you!

A：这是送给您的礼物，请您笑纳。

Zhè shì sònggěi nín de lǐwù, qǐng nín xiàonà.

This is the gift for you, please kindly accept it.

B：谢谢！你们太客气了！

Xièxie! Nǐmen tài kèqi le!

Thank you! You are too polite!

其他一些祝老人生日快乐的常用语

Other Phrases Used in Congratulating Old People on Their Birthday

祝您寿比南山，福如东海！	Zhù nín shòu bǐ Nán Shān, fú rú Dōng Hǎi!	May your age be as Mountain Tai and your happiness as the Eastern Sea!
愿您越活越年轻！	Yuàn nín yuè huó yuè niánqīng.	We wish the longer you live, the younger you are!

句型　Sentence Pattern

（谁）＋祝＋（谁）＋（怎么样）。

例句 1：我　祝　您　长命百岁。

例句 2：他　祝　我　生日快乐。

场景 181　参加婚礼　Taking Part in a Wedding

【你应邀参加一个朋友的婚礼，你对他说：】

【You are invited to a friend's wedding ceremony, and are congratulating the new couple:】

A：祝你们幸福／新婚幸福，白头到老！

Zhù nǐmen xìngfú /xīnhūn xìngfú, báitóu dào lǎo!

Wish you happiness /a happy wedding and a lifelong happy marriage!

B：谢谢！

Xièxie!

Thank you!

场景 182 参加葬礼 Taking Part in a Funeral

【在一个朋友的葬礼上,你对死者的家属说:】

【In a friend's funeral, you are consoling the relatives of the dead:】

A: 对__________的死,我表示沉痛的哀悼。请您保重身体。

Duì __________ de sǐ, wǒ biǎoshì chéntòng de āidào. Qǐng nín bǎozhòng shēntǐ.

I want to express my profound condolence to the death of __________. Please take care of yourself.

B: 谢谢。

Xièxie.

Thank you.

句型 Sentence Pattern

对 + (什么事),(谁) + 表示 + (什么)。

例句 1: 对 他的死, 我 表示 哀悼。

例句 2: 对 他的毕业,我 表示 祝贺。

场景 183 参加宴会时不想喝太多酒 Do Not Want to Drink Too Much at a Feast

☞ During your stay in China you may be invited to a formal dinner or banquet. As a general rule, the Chinese take neither aperitifs before a meal nor spirits after it. The powerful *maotai*, a wheat and sugar cane based spirit, is widely drunk at banquets and when toasts are proposed. Beer is very similar to Western brews. The most popular brand comes from the city of Qingdao and is known by that city's old-style transliterated name, Tsingtao. China imports alcohol from foreign countries, and foreign brewed whisky, gin and brandy are also available. In certain regions, spirits are produced in which snakes or lizards have been steeped. These brews are credited with special, often medical, properties. Your hosts will not be offended if you prefer to toast in wine, beer, fruit juice or even mineral water. Always raise your glass when a toast is proposed.

Chinese people have the habit of persuading each other to drink a lot at a feast. If you have the capacity for liquor, you could drink a little, but in case you don't want to drink too much you can refuse tactfully.

【在宴会上你的朋友问你:】

【At a feast your friend is asking you:】

A: 你喝什么酒?

Nǐ hē shénme jiǔ?

What liquor would you like to drink?

B: 我不能喝酒,我喝一杯可口可乐吧。

Wǒ bù néng hē jiǔ, wǒ hē yì bēi kěkǒukělè ba.

I can't drink any. I'd like to have a glass of cocacola.

A: 你真的不喝酒?

Nǐ zhēn de bù hē jiǔ?

Are you sure you don't drink some alcohol?

B: 真的。大夫不让我喝酒。

Zhēn de. Dàifu bú ràng wǒ hē jiǔ.

Yes. The doctor forbids me to drink any alcohol.

A: 那就算了。随便吃,不要客气。

Nà jiù suàn le. Suíbiàn chī, bú yào kèqi.

Then forget it. Help yourself. Make yourself at home.

B: 谢谢!

Xièxie.

Thank you!

句型　Sentence Pattern

(谁)＋真的不＋(做什么)?

例句1: 你　　真的不　喝酒?

例句2: 他　　真的不　去?

第十七章　借和还
Chapter Seventeen
Borrowing and Returning

场景 184　借东西　Borrowing

【你的朋友向你借书:】

【Your friend wants to borrow your book:】

A: 你能不能借我一本《汉英词典》?

Nǐ néng bu néng jiè wǒ yì běn《Hàn-Yīng Cídiǎn》?

Could you lend me your Chinese-English Dictionary?

B: 对不起,今天下午我要用。

Duìbuqǐ, jīntiān xiàwǔ wǒ yào yòng.

Sorry, but I'm going to use it this afternoon.

A: 我一个小时以后就还给你。

Wǒ yí gè xiǎoshí yǐhòu jiù huángěi nǐ.

I'll return it to you in an hour.

B: 那好吧,给你。

Nà hǎo ba, gěi nǐ.

All right. Here you are.

A: 谢谢。

Xièxie.

Thank you.

句型　Sentence Pattern

你能不能借我 + (什么)?

例句 1: 你能不能借我　一本《汉英词典》?

例句 2: 你能不能借我　一台电视机?

场景 185　借钱　Borrowing Money

【你想找你的朋友借点钱:】

【You want to borrow some money from your friend:】

A: 我有一件事想请你帮忙。

Wǒ yǒu yí jiàn shì xiǎng qǐng nǐ bāngmáng.

Could you do me a favour?

B: 你说吧。

Nǐ shuō ba.

Go ahead.

A: 我想买一台电视机,可是我的钱不够。你能不能借我 1000 块钱,我下星期二还你。

Wǒ xiǎng mǎi yì tái diànshìjī, kěshì wǒ de qián bu gòu. Nǐ néng bu néng jiè wǒ yìqiān kuài qián, wǒ xià xīngqī'èr huán nǐ.

I want to buy a TV set, but I don't have enough money. Could you lend me one thousand yuan? I'll return to you next Tuesday.

B: 可以。你什么时候要?

Kěyǐ. Nǐ shénme shíhou yào?

Of course. When do you need it?

A: 现在。

Xiànzài.

Now.

B: 行。

Xíng.

OK.

A: 我给你写一张借条。

Wǒ gěi nǐ xiě yì zhāng jiètiáo.

I'll write you an IOU.

句型　Sentence Pattern

(谁) + 给 + (谁) + 写 + (什么)。

例句 1: 我　给　你　写　一张借条。

例句 2: 你　给　他　写　一封信。

场景 186　还东西　Returning Items

【你的朋友把借你的书还你：】

【Your friend is returning you the book he borrowed:】

A: 这是上次你借给我的书，我还给你。十分感谢！

Zhè shì shàng cì nǐ jiègěi wǒ de shū, wǒ huángěi nǐ. Shífēn gǎnxiè!

This is the book you lent me last time. I'm coming to return it to you. Thank you very much!

B: 不客气，什么时候想用就什么时候来拿。

Bú kèqi, shénme shíhou xiǎng yòng jiù shénme shíhou lái ná.

You're welcome. You can use it whenever you need it.

句型　Sentence Pattern

这是 +（谁）+ 借给 +（谁）+ 的 +（什么）。

例句 1: 这是　你　借给　我　的　书。

例句 2: 这是　我　借给　他　的　词典。

场景 187　还钱　Returning Money

【你还钱给你的朋友：】

【You are returning the money you borrowed from your friend:】

A: 我来还钱。这是上次你借给我的 1000 块，你数一数。

Wǒ lái huán qián. Zhè shì shàng cì nǐ jiègěi wǒ de yìqiān kuài, nǐ shǔ yì shǔ.

I'm coming to return the 1000 yuan you lent me last time. Please check it.

B: 不用数了。

Bú yòng shǔ le.

I trust you. There is no need to check.

A: 这是给你的一点儿小礼物，谢谢你帮助我。

Zhè shì gěi nǐ de yìdiǎnr xiǎo lǐwù，xièxie nǐ bāngzhù wǒ.

This is a small gift for you. Thank you for helping me.

B：你太客气了。

Nǐ tài kèqi le.

You're too polite.

第十八章　朋友之间

Chapter Eighteen　Among Friends

场景 188　邀请朋友吃饭

Inviting Your Friend for Dinner

【你想请你朋友来家吃饭:】

【You want to invite your firend to dine in your home:】

A: 明天中午你有空吗?

Míngtiān zhōngwǔ nǐ yǒu kòng ma?

Are you free tomorrow noon?

B: 明天中午我要去买东西。

Míngtiān zhōngwǔ wǒ yào qù mǎi dōngxi.

I'm going shopping tomorrow noon.

A: 晚上呢?

Wǎnshang ne?

How about evening?

B: 晚上有空。你有事吗?

Wǎnshang yǒu kòng. Nǐ yǒu shì ma?

I'm free in the evening. What's the matter?

A: 我想请你来我家吃饭。

Wǒ xiǎng qǐng nǐ lái wǒ jiā chī fàn.

I want to invite you to dine in my home.

B: 太好了,我很愿意。

Tài hǎo le, wǒ hěn yuànyi.

Great, I'd love to go.

A: 明天晚上 6:00 我在家等你。

Míngtiān wǎnshang liù diǎn wǒ zài jiā děng nǐ.

I'll be waiting for you at home at six o'clock tomorrow evening.

B: 我一定去。

Wǒ yídìng qù.

I'm very happy to go.

常用短语及表达法 Useful Phrases and Expressions

咱们今天一起吃晚饭好吗?	Zánmen jīntiān yìqǐ chī wǎnfàn hǎo ma?	Would you like to have dinner with us tonight?
我可以请你吃午饭吗?	Wǒ kěyǐ qǐng nǐ chī wǔfàn ma?	May I invite you to lunch?
今晚有个晚会,你能来吗?	Jīnwǎn yǒu ge wǎnhuì, nǐ néng lái ma?	There is a party tonight. Can you come?
你真客气。	Nǐ zhēn kèqi.	That's very kind of you.
我能带我的朋友一起来吗?	Wǒ néng dài wǒ de péngyou yìqǐ lái ma?	May I bring my friend with me?
今晚过得很高兴,十分感谢。	Jīnwǎn guò de hěn gāoxìng, shífēn gǎnxiè.	Thanks for the evening. It was great.

句型 Sentence Pattern

(什么时候)+你有空吗?

例句 1: 明天中午 你有空吗?

例句 2: 今天晚上 你有空吗?

场景 189 去医院看朋友
Seeing Your Friend in Hospital

【你的一个朋友生病住院,你去看他:】

【A friend of yours is in hospital, you go to see him:】

A: 嗨! 你感觉好一点儿了吗?

Hài! Nǐ gǎnjué hǎo yìdiǎnr le ma?

Hi! Are you feeling better?

B: 谢谢,我感觉好多了。

Xièxie, wǒ gǎnjué hǎo duō le.

Thank you. I'm feeling much better now.

A: 别着急,好好休息。

Bié zháojí, hǎohāo xiūxi.

Don't worry. Just relax and take a good rest.

【你坐了一会儿之后说:】

【After staying for a while, you say:】

A: 好了,你休息吧,我走了,以后再来看你。

Hǎo le, nǐ xiūxi ba, wǒ zǒu le, yǐhòu zài lái kàn nǐ.

All right. It's time for you to have a rest. I'm leaving. I'll come again to see you later.

B: 谢谢你来看我。

Xièxie nǐ lái kàn wǒ.

Thank you for coming to see me.

句型 Sentence Pattern

(谁) + 好一点儿了吗?

例句 1: 你 好一点儿了吗?

例句 2: 他的父亲 好一点儿了吗?

场景 190 广播找人
Looking for a Person Using a Loudspeaker

【你在商场和一个朋友走散了,你请服务员用广播帮你找:】

【You are looking for a friend in a crowded department store. You go ask for the attendant's help to deliver a broadcast:】

A: 我想请你们帮我用广播找一个人。

Wǒ xiǎng qǐng nǐmen bāng wǒ yòng guǎngbō zhǎo yí gè rén.

I'd like you to help me look for a person using the broadcast.

B：请把他的名字告诉我。

Qǐng bǎ tā de míngzi gàosu wǒ.

Please tell me his name.

B：阿里。

Ali.

Ali.

A：你在哪儿等他？

Nǐ zài nǎr děng tā?

Where are you going to meet him?

B：在大门口。

Zài dàménkǒu.

At the entrance.

A：好。我在广播里说："阿里先生，有人找你，他在大门口等你。"可以吗？

Hǎo. Wǒ zài guǎngbō li shuō: "Ali xiānsheng, yǒu rén zhǎo nǐ, tā zài dàménkǒu děng nǐ." Kěyǐ ma?

OK. I'll broadcast: "Mr. Ali, someone's looking for you. Please meet him at the entrance." Is that OK?

B：可以。

Kěyǐ.

That's OK.

句型 Sentence Pattern

	(谁)+	请+	(谁)+	帮+	(谁)+	用+(什么)+	(做什么)。
例句1:	我	请	你	帮	我	用 广播	找一个人。
例句2:	他	请	我	帮	他	用 英文	写一封信。

场景 191　给别人代话

Taking a Message for Somebody

【你的朋友阿里对你说:】

【Your friend Ali says to you:】

A: 麻烦你告诉玛丽我明天早上 8:00 去找她,好吗?

Máfan nǐ gàosu Mary wǒ míngtiān zǎoshang bā diǎn qù zhǎo tā, hǎo ma?

Could you take the trouble to tell Mary that I'm going to see her at eight tomorrow morning?

B: 好的,我记住了。

Hǎo de, wǒ jìzhù le.

OK, I got it.

【你见到玛丽时告诉她:】

【When you see Mary you tell her:】

B: 玛丽,阿里让我告诉你他明天早上 8:00 来找你。

Mary, Ali ràng wǒ gàosu nǐ tā míngtiān zǎoshang bā diǎn lái zhǎo nǐ.

Mary, Ali asks me to tell you that he's coming to see you at eight tomorrow morning.

C: 好的,我知道了。谢谢你。

Hǎo de, wǒ zhīdao le. Xièxie nǐ.

OK, I got it. Thank you.

句型　Sentence Pattern

(谁)+让+(谁)+告诉+(谁)+(什么事)。

例句 1:	阿里	让	我	告诉	你	他明天早上八点来找你。
例句 2:	老师	让	他	告诉	我	下午去办公室。

场景 192　提建议　Putting Forward a Suggestion

(1)【你的朋友希望你给他出一个主意:】

【Your friend wants you to give him some advice:】

A: 明天我想出去玩,你说我去哪儿好?

Míngtiān wǒ xiǎng chūqu wán, nǐ shuō wǒ qù nǎr hǎo?

I want to go sightseeing tomorrow. Where do you think I should go?

B: 我建议你去颐和园。

Wǒ jiànyì nǐ qù Yíhéyuán.

I suggest you go to the Summer Palace.

(2)【你的朋友遇到了难题,询问你的意见:】

【Your friend has some difficulties and he turns to your help:】

A: 我的考试不及格,你说我该怎么办?

Wǒ de kǎoshì bù jígé, nǐ shuō wǒ gāi zěnme bàn?

I didn't pass the examination. What do you think I should do?

B: 我建议你努力复习,准备再考。

Wǒ jiànyì nǐ nǔlì fùxí, zhǔnbèi zài kǎo.

I suggest that you study hard and prepare to take the examination again.

句型　Sentence Pattern

(谁)+建议+(谁)+(做什么)。

例句 1: 我　建议　你　去颐和园。

例句 2: 他　建议　我　回国。

场景 193　提醒别人

Reminding Someone of Something

A: 阿里,别忘了明天早上 8:00 去飞机场 /把这本书交给玛丽。

Ali, bié wàngle míngtiān zǎoshang bā diǎn qù fēijīchǎng /bǎ zhè běn shū jiāogěi Mary.

Ali, don't forget to go to the airport at eight o'clock tomorrow morning /to give this book to Mary.

B：放心吧，我忘不了。

Fàngxīn ba, wǒ wàng bu liǎo.

Be rest assured, I won't forget it.

句型 Sentence Pattern

别忘了＋（做什么）。

例句 1：别忘了 去飞机场。

例句 2：别忘了 吃药。

场景 194 我会尽力的 I Will Try My Best

【你朋友的录音机坏了，找你修：】

【Your friend's tape recorder doesn't work, and he comes for your help：】

A：你能帮我修修我的录音机吗？

Nǐ néng bāng wǒ xiūxiu wǒ de lùyīnjī ma?

Could you help me repair my tape recorder?

B：我尽力修，可是不一定能修好。

Wǒ jìnlì xiū, kěshì bù yídìng néng xiūhǎo.

I'll try my best to repair it, but I'm not sure to make it.

A：没关系。

Méi guānxi.

That's all right.

句型 Sentence Pattern

我尽力＋（做什么），可是不一定能＋（做什么）＋好。

例句 1：我尽力 修， 可是不一定能 修 好。

例句 2：我尽力 写， 可是不一定能 写 好。

场景195　那个女孩儿结婚了吗？
Is That Girl Married?

【你很喜欢一个女孩儿，想和她交朋友，但不知道她结婚了没有，于是你试探地问：】

【You fall in love with a girl, but do not know if she is single, so you ask tentatively:】

A：你好，我能知道你的丈夫在哪儿工作吗？

Nǐ hǎo, wǒ néng zhīdao nǐ de zhàngfu zài nǎr gōngzuò ma?

Hello! May I know where your husband works?

B：我还没结婚呢。

Wǒ hái méi jiéhūn ne.

I haven't got married yet.

A：噢，对不起。那你的男朋友在哪儿工作？

Ào, duìbuqǐ. Nà nǐ de nánpéngyou zài nǎr gōngzuò?

Oh, sorry, then where does your boyfriend work?

B：我也没有男朋友。

Wǒ yě méiyǒu nánpéngyou.

I don't have a boyfriend, either.

A：今天晚上我请你吃晚饭，可以吗？6:00我在楼门口等你。

Jīntiān wǎnshang wǒ qǐng nǐ chī wǎnfàn, kěyǐ ma? Liù diǎn wǒ zài lóu ménkǒu děng nǐ.

Can I invite you to dinner this evening? I'll be waiting for you at the gate of the building at six.

B：对不起，我今天没有时间。

Duìbuqǐ, wǒ jīntiān méiyǒu shíjiān.

Sorry, I don't have time today.

A：明天，可以吗？

Míngtiān, kěyǐ ma?

What about tomorrow?

B：明天也不行。

Míngtiān yě bù xíng.

I can't make it either.

A: 那太遗憾了!

Nà,tài yíhàn le!

What a pity!

句型　Sentence Pattern

(谁)	+	在哪儿工作?
例句 1: 你丈夫		在哪儿工作?
例句 2: 你的男朋友		在哪儿工作?

第十九章　一个外国人在中国

Chapter Nineteen　A Foreigner in China

场景 196　找工作　Looking for a Job

☞ Nowadays more and more foreigners leave their home and come to China to find a job. Some of them even find a Chinese spouse, get married and settle down in China. These foreign friends introduce the culture and tradition of their country to China, and promote the friendship between China and other countries. But when looking for a job in China, bear this in mind: find a place that has the right to hire foreigners, otherwise you will have trouble in handling your visa and passport.

【杰克大学毕业来到中国，他到一家出版社找工作：】
【After graduation, Jack comes to China. He wants to work in a publishing house:】

A：您好！我叫杰克，美国人。你们这儿需要英语翻译吗？我在大学是学英国文学专业的。
Nín hǎo! Wǒ jiào Jack, Měiguórén. Nǐmen zhèr xūyào Yīngyǔ fānyì ma? Wǒ zài dàxué shì xué Yīngguó wénxué zhuānyè de.
Hello! My name is Jack. I am an American. Do you need an English translator here? My major in university is British literature.

B：请把你的简历和学位证书给我看看。
Qǐng bǎ nǐ de jiǎnlì hé xuéwèi zhèngshū gěi wǒ kànkan.
Can you show me your resumé and certificate?
……
我们这儿现在缺一个改稿员，你感兴趣吗？
Wǒmen zhèr xiànzài quē yí gè gǎigǎoyuán, nǐ gǎn xìngqù ma?

We need a polisher now. Are you interested in it?

A：您能告诉我改稿员具体是干什么的吗？

Nín néng gàosu wǒ gǎigǎoyuán jùtǐ shì gàn shénme de ma?

Can you tell me what a polisher does specifically?

B：改稿员的工作就是把由中国人翻译好的英文稿件整理成通顺的英文。

Gǎigǎoyuán de gōngzuò jiù shì bǎ yóu Zhōngguórén fānyì hǎo de Yīngwén gǎojiàn zhěnglǐ chéng tōngshùn de Yīngwén.

A polisher is supposed to polish the article that has been translated into English by Chinese editors, so that the English is readable and understandable.

A：你们这儿的书稿一般是什么内容的？

Nǐmen zhèr de shūgǎo yìbān shì shénme nèiróng de?

What kind of book do you usually publish?

B：我们主要出版中国文学、文化方面的书。

Wǒmen zhǔyào chūbǎn Zhōngguó wénxué、wénhuà fāngmiàn de shū.

We mainly engage in publishing books on Chinese culture and literature.

A：那我愿意试一试。

Nà wǒ yuànyì shì yí shì.

Then I'd love to try.

B：这儿有一篇英文稿，你拿去修改一下，明天交给我。

Zhèr yǒu yì piān Yīngwén gǎo, nǐ náqu xiūgǎi yíxià, míngtiān jiāogěi wǒ.

Here is an English article. Please polish it and return to me tomorrow.

【第二天：】

【The next day:】

B：你做得很好。我们决定聘用你了。你下个星期一来上班吧。

Nǐ zuò de hěn hǎo. Wǒmen juédìng pìnyòng nǐ le. Nǐ xià gè xīngqīyī lái shàngbān ba.

You've done very well. We decide to hire you. You can come to work next Monday.

A：我可以问一下我的工资是多少吗？

Wǒ kěyǐ wèn yíxià wǒ de gōngzī shì duōshao ma?

By the way, may I ask how much my salary is?

B: 2500 元人民币。怎么样?

Liǎngqiān wǔbǎi yuán Rénmínbì. Zěnmeyàng?

2500 RMB. How is that?

A: 可以,谢谢。

Kěyǐ, xièxie.

That's fine, thank you.

场景 197 修自行车 Repairing the Bicycle

【杰克买了一辆旧自行车,但不久就坏了,他不得不去修车:】

【Jack bought a second-hand bicycle. But it doesn't run well for too long. Jack has to come to a bicycle repairer:】

A: 师傅,我的自行车刹车不灵 /后胎漏气 /链条盒子响,您给我看看行吗?

Shīfu, wǒ de zìxíngchē shāchē bù líng /hòu tāi lòu qì /liàntiáo hézi xiǎng, nín gěi wǒ kànkan xíng ma?

Master, my bicycle's braker doesn't work well /there is a hole on my back tire /the chain box clanks, could you check it?

B: 你需要换一块刹车皮 /补一下后胎 /换一个链条。

Nǐ xūyào huàn yí kuài shāchēpí /bǔ yíxià hòu tāi /huàn yí gè liàntiáo.

You need to change a braker rubber /mend the back tire / change a new chain.

A: 好的。大概需要多长时间,多少钱?

Hǎo de. Dàgài xūyào duō cháng shíjiān, duōshao qián?

OK. How long will it take and how much will it be?

B: 最多十分钟,五块钱。

Zuì duō shí fēnzhōng, wǔ kuài qián.

Ten minutes at most. Five yuan.

场景 198　到食堂吃午饭

Having Lunch in the Canteen

【杰克工作的出版社有个食堂。一天中午杰克和一个同事去买饭:】

【The publishing house which Jack works for has a canteen. One day Jack goes lunching with his colleague:】

A: 今天中午食堂有什么菜?

Jīntiān zhōngwǔ shítáng yǒu shénme cài?

What dishes will the canteen serve this noon?

B: 不知道。肯定还是和昨天差不多。

Bù zhīdào. Kěndìng háishi hé zuótiān chàbuduō.

Don't know. But it will be almost the same as yesterday.

A: 咱们应该给食堂提个建议,让他们换换花样。

Zánmen yīnggāi gěi shítáng tí ge jiànyì, ràng tāmen huànhuan huāyàng.

We should give them some advice, asking them to give some variety to the dishes.

B: 是啊,你说得对,但我估计即使提了意见也不会有什么作用。

Shì a, nǐ shuō de duì, dàn wǒ gūjì jíshǐ tíle yìjian yě bú huì yǒu shénme zuòyòng.

Yes, you are right. But I guess it won't change even if you make suggestion.

A: 不一定,我明天就去试试。

Bù yídìng, wǒ míngtiān jiù qù shìshi.

Not necessarily. I'll go trying tomorrow.

B: 好啊,祝你成功。

Hǎo a, zhù nǐ chénggōng.

OK, wish you success.

句型　Sentence Pattern

我的(什么了)+(怎么样了),你给我看看。

例句 1:我的刹车　　不灵了,　　你给我看看。
例句 2:我的台灯　　不亮了,　　你给我看看。

场景 199　请病假　Asking for Leave

【杰克感冒了,打电话到单位请病假:】

【Jack caught a cold. He is calling to ask for leave:】

A:喂,我是杰克。我今天有点感冒,头有点疼。想请一天的病假。
Wèi, wǒ shì Jack. Wǒ jīntiān yǒudiǎn gǎnmào, tóu yǒudiǎn téng. Xiǎng qǐng yì tiān de bìngjià.
Hello, this is Jack. I caught a cold today and got a headache. I want to ask one day for leave.

B:你感冒严重吗?要不要看医生?
Nǐ gǎnmào yánzhòng ma? Yào bu yào kàn yīshēng?
Is the cold serious? Do you need to see the doctor?

A:不是很严重。我休息一下就没事了。
Bú shì hěn yánzhòng. Wǒ xiūxi yíxià jiù méi shì le.
No, it's not very serious. I'll be alright after some rest.

B:你有药吗?
Nǐ yǒu yào ma?
Do you have medicine?

A:有,谢谢。
Yǒu, xièxie.
Yes, I do. Thank.

B:那你好好休息吧。
Nà nǐ hǎohāo xiūxi ba.
OK, take a good rest, then.

A:谢谢你。
Xièxie nǐ.
Thank you.

句型 Sentence Pattern

我+(怎么样),+想请+(多长时间)的+(什么)假。

例句1:我	感冒了,	想请	一天的	病假。
例句2:我	有点私事,	想请	半天的	事假。

场景200 和朋友聊天 Chatting with Friends

【杰克和一个朋友在聊天:】

【Jack is chatting with a friend:】

A: 小王,你下班后都干什么?

Xiǎo Wáng, nǐ xià bān hòu dōu gàn shénme?

Xiao Wang, what do you usually do after work?

B: 我下班后一般是去自由市场买菜，然后回家做饭。
Wǒ xià bān hòu yìbān shì qù zìyóu shìchǎng mǎi cài, ránhòu huí jiā zuò fàn.
Usually I would go to the free market to buy some vegetables, then go home to cook.

A: 那你晚上吃完饭干什么呢？
Nà nǐ wǎnshang chīwán fàn gàn shénme ne?
What do you do after dinner, then?

B: 我会和我的家人一起看电视，或者看一下书。
Wǒ huì hé wǒ de jiārén yìqǐ kàn diànshì, huòzhě kàn yíxià shū.
I would watch TV with my family, or read book for a while.

A: 你不和你的家人或朋友去跳舞、旅游或看电影吗？
Nǐ bù hé nǐ de jiārén huò péngyou qù tiàowǔ、lǚyóu huò kàn diànyǐng ma?
Don't you go dancing, traveling or movie with your family or friend?

B: 不是很经常。这种活动在结婚前很多，但结婚以后，因为家务事多，就只有时周末去郊游一次。
Bú shì hěn jīngcháng. Zhè zhǒng huódòng zài jiéhūn qián hěn duō, dàn jiéhūn yǐhòu, yīnwèi jiāwùshì duō, jiù zhǐ yǒushí zhōumò qù jiāoyóu yí cì.
Not very often. Before marriage, I had lots of such activities. But after that, because I have so much housework to do, I just go to the suburb at some weekends.

句型　Sentence Pattern

(谁)+(什么时间)+都干什么？

例句1: 你	下班后	都干什么？
例句2: 他们	星期天	都干什么？

速查语汇表
Quick Reference Page

问候　Greeting

你好!	Nǐ hǎo!	Hello!
早上/晚上好!	Zǎoshang / Wǎnshang hǎo!	Good morning /evening!
请。	Qǐng.	Please.
谢谢你。	Xièxie nǐ.	Thank you.
非常感谢你!	Fēicháng gǎnxiè nǐ!	Thank you very much!
不客气。	Bú kèqi.	You are welcome.
对不起。	Duìbuqǐ.	I'm sorry.
再见。/回头见。	Zàijiàn. /Huítóu jiàn.	Goodbye. /See you later.
你好吗?	Nǐ hǎo ma?	How are you?
我很高兴认识你。	Wǒ hěn gāoxìng rènshi nǐ.	I am very glad to meet you.
劳驾。/请问。	Láo jià. /Qǐngwèn.	Excuse me.

问题　Questions

你会说英语吗?	Nǐ huì shuō Yīngyǔ ma?	Do you speak English?
我不懂。	Wǒ bù dǒng.	I don't understand.
……在哪儿?	…… zài nǎr?	Where is...?
……有多远?	……yǒu duō yuǎn?	How far is the ... from here?
我在哪儿能找到……?	Wǒ zài nǎr néng zhǎodào……?	Where can I find...?
多少钱?	Duōshao qián?	How much?

谁?	Shuí?	Who?
为什么?	Wèi shénme?	Why?
哪一个?	Nǎ yí gè?	Which one?
什么?	Shénme?	What?
这叫什么?	Zhè jiào shénme?	What do you call this?
这是什么意思?	Zhè shì shénme yìsi?	What does this mean?
我只会说一点儿汉语。	Wǒ zhǐ huì shuō yìdiǎnr Hànyǔ.	I only speak a little Chinese.
你能说慢点儿吗?	Nǐ néng shuō màn diǎnr ma?	Could you speak more slowly?
你能再说一遍吗?	Nǐ néng zài shuō yí biàn ma?	Could you repeat that?
请把它写下来。	Qǐng bǎ tā xiě xialai.	Please write it down.
请等一会儿。	Qǐng děng yíhuìr.	Just a moment, please.
我能……吗?	Wǒ néng……ma?	Can I...?
这是……	Zhè shì……	This is....
这是……吗?	Zhè shì…… ma?	Is it...?
有……吗?	Yǒu……ma?	Is /Are there...?

反义词　Antonyms

大 /小	dà /xiǎo	big /small
快 /慢	kuài /màn	quick /slow
早 /晚	zǎo /wǎn	early /late
便宜 /贵	piányi /guì	cheap /expensive
远 /近	yuǎn /jìn	near /far
热 /冷	rè /lěng	hot /cold
满 /空	mǎn /kōng	full /empty
容易 /困难	róngyì /kùnnan	easy /difficult
年老 /年轻	niánlǎo /niánqīng	old /young
没人 /有人	méi rén /yǒu rén	free /occupied
这儿 /那儿	zhèr /nàr	here /there

对 /错	duì /cuò	right /wrong
开 /关	kāi /guān	open /close
好 /坏	hǎo /huài	good /bad

数量 Quantities

一点儿 /很多	yìdiǎnr/hěn duō	a little /a lot
一些	yìxiē	some
很少 /有几个	hěn shǎo /yǒu jǐ ge	few /a few
很多 /很多	hěn duō /hěn duō	much/many
多些 /少些	duō xiē /shǎo xiē	more /less
足够 /太	zúgòu /tài	enough /too

其他常用词汇 A Few More Useful Words

在	zài	at
在……上	zài……shàng	on
在……里	zài……lǐ	in
向	xiàng	to /towards
从	cóng	from
为了	wèile	for
有	yǒu	with
没有	méiyǒu	without
在……前面	zài……qiánmian	before (place)
前	qián	before (time)
后	hòu	after
经过	jīngguò	through
直到	zhídào	until
在……的期间	zài……de qījiān	during
在……的时侯	zài……de shíhou	when
在……旁边	zài……pángbiān	next to /beside
在……附近	zài……fùjìn	near

在……后面	zài……hòumian	behind
自从	zìcóng	since
在……上面	zài……shàngmian	above
在……下面	zài……xiàmian	under
里面	lǐmian	inside
外面	wàimian	outside
楼上	lóushàng	upstairs
楼下	lóuxià	downstairs
也许	yěxǔ	maybe /perhaps
只	zhǐ	only

(京)新登字 136 号
责任编辑 曹 珊
封面设计 严欣强

图书在版编目(CIP)数据

实用汉语会话二百幕:中、英/刘彤,杨茵著,-北京:新世界出版社,1999.1

ISBN 7-80005-421-7

Ⅰ.实… Ⅱ.①刘… ②梅… Ⅲ.对外汉语教学-口语-对照读物-汉、英 Ⅳ.H195.5

中国版本图书馆 CIP 数据核字(98)第 19783 号

实用汉语会话二百幕

刘彤 杨茵 著

*

新世界出版社出版

(中国北京百万庄路 24 号)

邮政编码 100037

北京龙华印刷厂印刷

中国国际图书贸易总公司发行

(中国北京车公庄西路 35 号)

北京邮政信箱第 399 号 邮政编码 100044

新华书店北京发行所国内发行

1999 年(大 32 开)第一版 1999 年北京第二次印刷

(中英)

定价:20.00 元

9-CE-3312P